Zur Autorin und zum Autor

Die Autoren und Journalisten Birte und Martin Stährmann leben in Eckernförde an der Ostsee. Die gebürtige Flensburgerin lernte den Württemberger Franken in Stuttgart kennen und lieben. Die Sehnsucht nach Wasser, Wind und Weite führte das Ehepaar im Frühjahr 2022 dauerhaft in den Norden.
Birte Stährmann veröffentlichte Fachbücher sowie mehrere Romane, Martin Stährmann zwei Biografien. Seit 2024 erscheinen bei verschiedenen Verlagen gemeinsame Projekte wie Reisebücher und Quiz.
Kontakt: info@klartext-nord.de

Birte und Martin Stährmann

Wikinger, Könige und Piraten

Geschichten von der Ostseeküste Schleswig-Holsteins

Husum

Titel: Ostseestrand Falshöft, Fotos Günter Pump

Bibliografische Information der Deutschen Nationalbibliothek
Die Deutsche Nationalbibliothek verzeichnet diese Publikation in der Deutschen Nationalbibliografie; detaillierte bibliografische Daten sind im Internet über http://dnb.dnb.de abrufbar.

Abbildungen: S. 47 Eckernförde Touristik und Marketing GmbH,
S. 99 Martin Stährmann, alle anderen Günter Pump

Gesamtherstellung: Husum Druck- und Verlagsgesellschaft
Nordbahnhofstraße 2, 25813 Husum – www.verlagsgruppe.de

ISBN 978-3-96717-164-8

Das Baltische Meer

Der Lebenslauf der Ostsee

Wie heißt das Meer im Zentrum der Geschichten, die dieses Buch versammelt? Es trägt verschiedene Namen. Das scheint auch eine Frage der Perspektive, der jeweiligen Blickrichtung zu sein; die Deutschen und viele andere nennen sie Ostsee, in Estland ist sie dagegen das Westmeer. Die meisten auf der Welt kennen sie als das Baltische Meer – vom lateinischen „Mare Balticum" – oder die Baltische See.
Was ist die Ostsee? Ein Binnenmeer des Atlantiks, denn sie ist fast vollständig von Land umgeben, anders als die Nordsee, die ein Randmeer des Atlantiks ist. Aber das sind nur Wortklaubereien. Genauso wie die Tatsache, dass die Ostsee vom Breitengrad her etwas nördlicher liegt als die Nordsee, also eigentlich die wahre Nordsee ist.
Wie groß ist sie? Zwischen Dänemark und Schweden gibt es ein Meeresgebiet mit dem originellen Namen Kattegat, was wörtlich „Katzenloch" heißt; das Kattegat ist die direkte Verbindung der Ostsee zur Nordsee. Rechnet man es mit, und das tut die Mehrheit, dann bedeckt die Ostsee eine Fläche von 412.500 Quadratkilometern, ist größer als Deutschland und Dänemark zusammen. Und sie hat ein Volumen von 21.630 Kubikkilometern. Oberhalb vom Kattegat liegt das Skagerrak; das wiederum gehört eindeutig zur Nordsee.
Von ihrer Figur her ist die Ostsee vergleichsweise lang und schlank. Zählt man alle ihre Küsten zusammen, ergibt sich die stolze Summe von rund 7.000 Kilometern. Allein in Schleswig-Holstein weist sie von Flensburg bis Lübeck-Travemünde eine Küstenlänge von 328 Kilometern auf, mit der Insel Fehmarn sogar von 402 Kilometern.
Welche Nachbarn hat sie? Wer früher im Erdkundeunterricht gut aufgepasst oder später die Ostsee kennen- und liebengelernt hat, kann vermutlich mit Nachdenken die neun so genannten Anrainerstaaten zusammenbringen. Gegen den Uhrzeigersinn sind es Deutschland, Polen, Litauen, Lettland, Estland, Russland, Finnland, Schweden und Dänemark.

Der älteste Lebensraum der Erde

Die Meere sind uralt. In der Bibel kommt der Vorfahre der Ostsee, ihr Ahnherr schon im zweiten Satz vor, im Schöpfungsbericht: das Urmeer, das die ganze Erde bedeckte, bis Gott Land und Wasser trennte. An seinem fünften Schöpfungstag schuf er die großen Seeungeheuer – so steht es geschrieben – und alle Arten von Lebewesen, von denen das Wasser wimmelt. „Und er sah, dass es gut war", heißt es weiter. Auch die Wissenschaft bestätigt es: Das Meer ist der älteste Lebensraum der Erde.
Die Meere bedecken 71 Prozent der Erdoberfläche. Die Erde ist der blaue Planet, das sieht man gut auf den Fotos aus dem Weltall. Und unter dem Wasser geht es an manchen Stellen über 11 Kilometer in die Tiefe; auch hier unten leben Tiere und Pflanzen. Über 95 Prozent der Biosphäre sind im Lebensraum Meer angesiedelt. Am und im Meer findet sich ein faszinierendes Ökosystem, eine ausgesprochen vielfältige Fauna und Flora, die aber zugleich äußerst empfindsam auf Veränderungen ihrer Lebensbedingungen reagiert, wie die steigende Wassertemperatur durch den Klimawandel. Rund 2 700 verschiedene Pflanzen und Tiere leben in der Ostsee. Das klingt nach viel, ist aber vergleichsweise wenig; dies hat mit dem geringen Salzgehalt zu tun.

Der Vorfahre

Lange vor der Ostsee gab es hier schon vor 50 Millionen Jahren viel Wasser. Ihr Vorfahre war der größte Fluss, der jemals in Europa existierte, etwa 2.700 Kilometer lang – etwa so lang wie heute die Donau; Geologen gaben ihm den schönen Namen Eridanos. In der griechischen Mythologie ist der Eridanos ein großer Fluss am westlichen Ende der Welt, nahe des Eingangs zur Unterwelt.
Von Skandinavien führte dieser Baltische Urfluss, wie er auch genannt wird, durch das jetzige Gebiet der Ostsee bis in das jetzige

Nordseebecken. Dort mündete er in ein Delta, das anscheinend so groß war wie heute das vom Amazonas oder vom Mississippi. Vor etwa einer Million Jahren kam in der Eiszeit sein Ende: Landeis zerstörte ihn, er versiegte.

Geburt und Wachstumsschübe

Die großen Ozeane Atlantik und Pazifik sind viele Millionen Jahre alt; dagegen ist die Ostsee erdgeschichtlich ein echtes Küken. Dass es sie gibt, das hat mit der letzten Eiszeit zu tun, der so genannten Weichsel-Kaltzeit. Über Nordeuropa lag damals ein Eispanzer, der bis zu drei Kilometer dick war. Im skandinavischen Gebirge breiteten sich riesige Gletscher aus in Richtung Süden und Osten – und schufen so das Becken, in dem die Ostsee heute lebt.
Am Ende dieser Eiszeit, als die Gletscher durch die damalige Erwärmung des Klimas stark abgeschmolzen waren, da ist sie geboren – es wird wohl an die 12.000 Jahre her sein. Die Gletscher tauten immer weiter ab und verschwanden im Laufe der Jahrtausende fast vollständig. Vom schweren Eispanzer befreit, hob sich immer wieder das Land, der Meeresspiegel stieg. Dadurch erlebte die Ostsee mehrere Wachstumsschübe; ein wenig ist dieser Prozess immer noch im Gang, ist sie immer noch in Bewegung.
Neben ihr sieht die Nordsee mit ihren wohl 350 Millionen Jahren ziemlich alt aus. Angenommen, sie wäre eine Dame im Alter von 80 Jahren, dann wäre die Ostsee als Säugling erst einen Tag auf der Welt.

Gletscherzungen und Hügelketten

In Norddeutschland gibt es nur Flachland, denken viele. Und staunen, wenn sie die Ostsee und ihr Umland zum ersten Mal besuchen: Keine Spur von Flachland! Die Ostseeküste in Schleswig-

Holstein ist geprägt von langen schmalen Buchten; das sind ehemalige Becken von Gletscherzungen, die durch den Anstieg des Meeresspiegels vollgelaufen sind. Auch hohe Steilküsten hat die Ostsee zu bieten, an denen entlang oft Wanderwege mit fantastischen Ausblicken verlaufen. Die eiszeitlichen Moränen – das Gletschergeröll, der Gletscherschutt – türmen sich zu Hügelketten auf und schützen an vielen Stellen das Hinterland vor Überschwemmungen. Ganz Schleswig-Holstein ist durch die Eiszeiten entstanden, durch Sand, Schutt und Kies.

Die Naturgewalten setzen den Steilküsten zu, besonders die Herbst- und Winterstürme mit ihren Sturmfluten bei Ostwind sorgen für eine Erosion; gewaltige Brocken stürzen ab, die Abbruchkanten sind meist deutlich zu sehen und nicht selten müssen danach die Wanderwege weiter ins Landesinnere verlegt werden. Hier holt sich das Meer Land zurück, an vielen Stellen Jahr für Jahr etwa 70 Zentimeter, zumal der Wasserpegel stetig steigt durch den Klimawandel.

Methusaleme und Küken

An vielen Steinstränden liegen die Überbleibsel aus jenen längst vergangenen Zeiten der Eiszeit herum – stattliche Findlinge und Kieselsteine in allen Größen und Variationen. Die Geologie ist hier weltweit einzigartig.

Es ist kaum zu glauben: Hier gibt es ehrwürdige Stein-Methusaleme, die sind etwa zwei Milliarden Jahre alt – halb so alt wie die Erde überhaupt. Daneben gibt es Steinküken, die bringen es erst auf 20 Millionen Jahre.

Die Findlinge liegen auch in Gegenden, in denen es keine Felsen gibt. Früher war es für die Menschen ein großes Rätsel: Woher stammten diese beeindruckenden großen Steine? Oft wurden sie zu Heiligtümern und zu Bestandteilen von Grabbauten.

Hühnergötter und Donnerkeile

Unten an den Steilküsten liegen meist viele dunkelgraue bis schwarze Feuersteine mit weißer Kruste. Wer zwei von ihnen findet, kann sie aneinanderschlagen und Funken sehen. Die Menschen machten früher Feuer mit diesem „Stahl der Steinzeit". Und sie nutzten deren scharfe Kanten an den Bruchstellen, bauten Waffen und schneidende Werkzeuge.
Ein beliebtes Sammelstück ist ein Lochstein – ein „Hühnergott". Das Loch entstand auf natürliche Weise: Feuersteine entstanden im Laufe von Millionen von Jahren aus Bestandteilen früherer Meeresbewohnern, aus Muschelschalen, Knochen, Skeletten; sie wurden zu Kies. Weichere, nicht verkieselte Bestandteile wurden vom Meer ausgespült.
Die Lochsteine galten und gelten vielen Menschen als Glücksbringer mit magischen Kräften. Woher kommt der Name Hühnergott? Bauern hängten den Stein an den Hühnerstall; bei Wind schlug der Stein gegen die Wand und vertrieb die hungrigen Füchse. Eine andere Erklärung: Ein Lochstein, der im Hühnerstall aufgehängt wird, rege die Hühner an, mehr Eier zu legen.
Häufig findet sich auch ein „Donnerkeil" am Ufer. Dieses kegelförmige gelbbraune Fossil war einmal Teil des Skeletts eines urzeitlichen Tintenfisches, der vor etwa 65 Millionen Jahren ausstarb, zur gleichen Zeit wie der Dinosaurier. Früher glaubten die Menschen, dass die Götter bei einem Gewitter dieses Geschoss als Blitz vom Himmel auf die Erde abfeuerten.

Ein Schlaraffenland für Vögel

Dem Land, den Steilküsten wäscht die Ostsee viel Sand aus, transportiert ihn mit ihrer Strömung ein Stück fort und lagert ihn wieder ab; es entstehen Landzungen. Mit der Zeit bilden sich kleine Küstengewässer: abgeschlossene flache Strandseen, sie sind meist nicht tiefer als drei Meter. Man nennt sie Lagunen, in Vorpommern Bodden, anderswo auch Haff oder Noor. Der Salzgehalt ist hier viel niedriger, der Nährstoffgehalt viel höher als im offenen Meer. In den Lagunen leben viele Fische, Süß- und Salzwasserfische gleichermaßen. Das ist wiederum für die Vögel ein Schlaraffenland mit reich gedecktem Tisch; deshalb brüten hier viele Wasservögel, und Zugvögel bleiben auch gern hier.

Zwischen Land und Meer – die Salzwiese

An den Ufern liegen flache Bereiche knapp oberhalb des durchschnittlichen Wasserstands, die immer wieder vom salzigen Meerwasser überspült werden, vor allem bei einem hier nicht so seltenen Sturm. Diese Salzwiesen bieten Pflanzen, die das Salz vertragen können und auch sonst hart im Nehmen sind, einen sehr speziellen Lebensraum; dazu gehören der Strandflieder, die Strandaster, die Grasnelke und Sauergräser.
Viele Vögel – unter anderem Gänse- und Entenarten – brüten hier gern oder machen eine Rast auf ihrer Durchreise.

Ein Schlaraffenland für Menschen

Was gibt es für die Menschen an der Ostsee oft und in bester Qualität? Natürlich köstliche Fischgerichte, oft fangfrisch vom Kutter. Dorsch, Flunder, Hecht, Hering, Karpfen, Schollen und Zander sind wohl ganz vorn auf der Hitliste der beliebtesten Meeres- und Süßwasserfische.
Über Jahrzehnte wurde nicht zukunftsfähig gehandelt, waren die erlaubten Fangmengen höher als der nachwachsende Fisch. Die Bestände sanken und sanken. Inzwischen hat die EU die Fangquoten stark gesenkt, zum Leidwesen der Fischer, die meist nicht mehr genügend fangen, um davon im Haupterwerb leben zu können.

Ebbe und Flut

Ebbe und Flut – die Gezeiten gibt es übrigens auch in der Ostsee; niederdeutsch nennt man sie Tiden, die „Zeiten". Allerdings fallen sie lange nicht so stark aus wie in der Nordsee. Die Gezeiten sind abhängig vom Einfluss von Sonne und Mond, von der Kugelform der Erde und der Erddrehung, von der Wassermenge und Wassertiefe, von Hindernissen wie Inseln. Der Tidenhub, der Unterschied des Wasserstandes zwischen Ebbe und Flut, liegt bei der Ostsee meist nur bei etwa zehn bis 30 Zentimetern; sie ist fast ringsum von Land umschlossen. An der deutschen Nordseeküste ist er etwa zehnmal höher, beträgt zwei bis drei Meter.
Die Ostsee ist mit ihrem Wasser verlässlich da – anders als die Nordsee, die sich bei Ebbe weit zurückzieht. Im Vergleich zur Nordsee ist sie als Binnenmeer weniger durch Hochwasser gefährdet. Dafür kann man an ihrem Saum meist nicht auf festem Meeresgrund laufen, sondern sinkt im Sand ein.

Ein wenig Salz auf der Haut

Salz auf der Haut, auf der Zunge, das verbinden viele mit dem Meer. Damit kann die Ostsee allerdings weniger dienen als die Nordsee. Die hat einen Salzgehalt von etwa 3,5 Prozent im Schnitt. Vor Schleswig-Holstein hat die Ostsee einen Salzgehalt von etwa 1,8 Prozent, vor Finnland nur noch weniger als 0,3 Prozent. Die so genannten Meerengen beim Kattegat zwischen Dänemark und Schweden sind tatsächlich eng, von der Nordsee strömt nur wenig Salzwasser ein. Etwa 200 Flüsse münden in die Ostsee und bringen ihr – wie auch der Regen – ständig neues Süßwasser. Das Gemisch aus Flusswasser und aus Meerwasser nennt man Brackwasser.
Salzwasser ist schwerer als Süßwasser. Der Salzgehalt ist auf dem Grund der Ostsee deshalb deutlich höher als an der Wasseroberfläche. Ihr niedriger Salzgehalt sorgt leider dafür, dass nur Tiere und

Pflanzen in ihr leben können, die sich daran anpassen. Je süßer ihr Wasser wird, desto weniger Meeresarten gibt es.

Gut für die Gesundheit

Meeresluft tut einfach gut. Jeder Urlaub ist hier gleichzeitig eine Gesundheitskur – für Lungen und Bronchen, auch für die Haut. An der Ostsee geht es Menschen mit Bluthochdruck oder Gefäßverkalkung schnell besser. Hier an den Ufern des Meeres zu sein, hilft der Psyche aller Menschen – wenn sie sich einlassen auf eine Entschleunigung ihres Lebens mit meist viel zu hohem Tempo.

Die Inseln

Wie viele Inseln gibt es in der Ostsee? Insgesamt in ihrem deutschen Teil wohl etwa 50, davon sind die meisten klein und unbewohnt. In Schleswig-Holstein ist Fehmarn die einzige bewohnte Insel; in Mecklenburg-Vorpommern liegen Hiddensee, Poel, Rügen, Ummanz und Usedom. Welche ist die Schönste? Auf diese heikle Frage gibt es eine salomonische Antwort: Alle Inseln sind wunderschön.

Zusehen, wie die Sonne versinkt

Wo ist es besser, schöner, großartiger – an der Ostsee oder an der Nordsee?

„Alle Not kommt vom Vergleichen", wusste schon der Philosoph Søren Kierkegaard.

Zugegeben, spektakulärer und abenteuerlicher geht es an der Nordsee zu. Das Klima ist rau und die Brandung stark. Das Wetter ist unbeständiger, mit vielen nordatlantischen Tiefs, es gibt viel

mehr Wind und Sturm. Das Meer lebt im Sechs-Stunden-Rhythmus der Gezeiten.
An der Ostsee geht es beständiger und verlässlicher zu. Das Wasser ist immer da und es ist nicht so kalt, Baden geht im Sommer immer an den vielen langen Sandstränden. Das Wetter ist milder. Meist hat die Ostsee mehr Sonnenstunden als die Nordsee im Angebot. Und man sieht sie viel besser als die Nordsee, weil es an ihrem Ufer viel weniger und viel niedrigere Deiche gibt. Entlang ihrer Küste gibt es viele wunderschöne Plätze, an denen man zusehen kann, mit einem Glas Wein in der Hand, wie die Sonne abends langsam im Meer oder hinter dem Horizont versinkt.

Wellen kommen, Wellen gehen

Vieles muten die Menschen der Ostsee zu. Sie düngen zu viel, sie fischen zu viel. Ihre Schiffe verschmutzen das Wasser. Sie bauen Brücken und Tunnel, Windparks und Pipelines.
Schon vieles sah das Meer kommen und wieder gehen. Starke Wikinger, stolze Könige, verwegene Piraten. So viele unnütze Kriege und Schlachten! Zu oft vermischte sich das Wasser mit Blut.
Fischer fuhren hinaus und kehrten nicht zurück – und ihre Familien verfluchten die See. Viele Stürme brachten den Menschen an den Küsten Tod und Verderben.
Nichts ist ewig auf dieser Erde außer dem Wasser – die Wellen kommen, die Wellen gehen.

Händler und Terroristen

Die Wikinger von Haithabu

Große blonde und rothaarige Krieger stürmen von ihren schnellen Schiffen an Land, metzeln die Menschen nieder, die sich ihnen in den Weg stellen, und plündern, was sie finden. Die Horden aus dem Norden, die Terroristen des Mittelalters – so kommen die Wikinger in vielen Geschichten vor. In anderen Geschichten sind die Wikinger mutige Seefahrer, die die Welt entdecken und eins sind mit der Natur und dem wilden Meer – heute bewundern sie viele Menschen und verspüren Sehnsucht nach solch einem Leben.
Verschiedene Geschichten, verschiedene Sichtweisen. Wer sind die Wikinger?

Seefahrer auf Beutezug

Der Begriff „Wikinger" kommt womöglich vom altnordischen „vikingr": plündern oder rauben. „fara i viking" heißt in etwa „auf Raubzug fahren". Das lateinische „vicus": meint Seemänner, die von Hafen zu Hafen fahren. Wikinger sind demnach Seekrieger, sind Seefahrer auf Beutezug; den Namen haben ihnen die von ihnen überfallenen Menschen gegeben. Für sie, die Opfer, sind die Täter schreckliche Barbaren, die von weit her über das Meer kommen, morden und plündern, Menschen versklaven und danach noch das überfallene Dorf anzünden.
Auch „Nordmänner" werden die Wikinger genannt; daraus werden die Normannen und wird auch die Normandie in Frankreich.
Die Wikinger stammen aus den skandinavischen Ländern Dänemark, Schweden und Norwegen. Die „Wikingerzeit" beginnt im Jahr 793 nach Christi Geburt, als sie das englische Kloster Lindisfarne brutal überfallen und plündern. Die Zeit endet 1066, als Wikinger die Schlacht in England bei Hastings verlieren; spätestens in diesem Jahr wird auch die Wikingersiedlung Haithabu nahe dem heutigen Schleswig endgültig zerstört.
Woher wissen wir überhaupt von den Wikingern? Das meiste haben christliche Mönche niedergeschrieben. Vorsicht ist angesagt,

es besteht die Gefahr der Einseitigkeit: Die heidnischen Barbaren werden von ihnen womöglich schlimmer geschildert als sie sind. Allerdings beschreiben auch einige arabische Quellen aus Spanien die Überfälle ähnlich: Die Angreifer waren mordlustig und zerstörungswütig.

Junge Männer aus Skandinavien formieren sich zu losen Gemeinschaften und fahren mit ihren Schiffen los nach Mittel- und Südeuropa – mit dem Ziel, in Ufernähe zu plündern und reiche Beute zu machen. Die Wikinger sind natürlich nur ein kleiner Teil der Bevölkerung. Und für viele Männer ist ihr „Wikinger-Dasein" nur ein kurzer Lebensabschnitt. Sie suchen das Abenteuer, den Ruhm, den schnellen Reichtum; danach werden sie sesshaft und leben wie die anderen auch. Andere Männer machen Kriegs- und Beutezüge zu ihrem Beruf, bleiben ihr Leben lang unterwegs, kommen irgendwann nicht mehr zurück.

Viele Wikinger legen weite Wege zurück. Lange vor Christoph Kolumbus, schon um das Jahr 1001, entdeckt vermutlich der norwegische Wikinger Leif der Glückliche Amerika.

In Skandinavien gibt es in dieser Zeit viele Häuptlinge. Um den Häuptling herum gibt es Bauern, die mehr oder weniger abhängig sind von ihm. Sie haben ihn zu unterstützen, er gewährt ihnen Schutz und Lohn. Die Familien sind oft kinderreich. Den Bauernhof erbt der erstgeborene Sohn. Für die anderen Söhne ist es sehr verlockend, sich dem Raubzug eines Häuptlings anzuschließen und dadurch hoffentlich zu Ruhm und Reichtum zu kommen.

Erfolgreiche Häuptlinge werden reicher und vergrößern ihr Gebiet; einzelne Kleinkönigreiche entstehen. Im 10. Jahrhundert werden sie zum Dänischen Reich vereint.

Handwerker und Händler

Eines kommt in den Geschichten kaum vor: Die Wikinger sind gute Handwerker und Händler. Wenn sie losfahren, sind sie nicht immer

auf Beute aus, sondern wollen Handel betreiben, Geschäfte machen. Sie bauen ein Handelsnetz auf, das bis in den Orient reicht. Die Wikinger stellen Waffen und hochwertigen Schmuck her. Im Angebot haben sie auch Felle und Tierhäute, Walrosselfenbein und Bernstein, Honig und Wachs. Und viele Sklaven, die sie bei ihren Beutezügen und Kriegen gefangen nehmen und bis in den vorderen Orient verkaufen. Die fahrenden Kaufleute bringen Güter aus vielen Ländern nach Hause – Gewürze, Wein und Südfrüchte, Brokat und Seide, Silber und Schmuck, Helme und Rüstungen.
Auf ihren Handelsreisen sehen die Wikingerhäuptlinge, welche Schätze beispielsweise die Klöster in Frankreich, England oder Irland beherbergen. Und dass diese Schätze kaum bewacht sind. So finden sie neue Ziele für Raubzüge. Und finden schnell heraus, wo sie mit nur wenig Gegenwehr rechnen können; dann rauben und plündern sie. Wenn ein Überfall wenig Erfolg verspricht, handeln die Wikinger lieber, machen ihre Tauschgeschäfte. An manchen Orten versuchen sie, sich dauerhaft anzusiedeln, auch in Island.

Haithabu – das Heidedorf in der Schleibucht

Im achten Jahrhundert bildet sich ein immer dichteres Netz von Fernhandelsbeziehungen in Nordeuropa aus. Das Schiff ist das dominierende Verkehrsmittel, es braucht See- und Flusswege. Zwischen der Nordsee und der Ostsee liegen nur wenige Kilometer Land. Doch die Kimbrische Halbinsel liegt im Weg; sie zu umfahren, dauert lange und es lauern Gefahren. Einen Nord-Ostsee-Kanal gibt es damals noch lange nicht. Seefahrer und Kaufleute suchen Wasserwege, die möglichst weit ins Landesinnere führen. Die Schlei fließt als Ostseearm über 40 Kilometer weit; nur wenige Kilometer Landweg trennen ihr inneres Ende von Hollingstedt. Dort fließt die Treene entlang und mündet später in die Eider, die mit der Nordsee verbunden ist. Das heutige Haddebyer

Noor, eine geschützt liegende Seitenbucht der Schlei, bietet ideale Voraussetzungen für das Umladen von Waren, ist ein guter Umschlagsplatz.
Vermutlich lassen sich friesische Händler um das Jahr 750 an der Schlei nieder. Später, wohl im Jahr 808, lässt der König Göttrik Kaufleute von einem anderen Handelsplatz hierherbringen. So kann er diese Handelspassage beherrschen, kann hohe Zölle eintreiben. Nahe am Hafen entsteht eine Siedlung mit Holzhäusern, die schnell zu einer Stadt heranwächst, mit befestigten Wegen auf dem sumpfigen Untergrund. In der Blütezeit leben hier bis zu 2.000 Menschen.
Für den Ort gibt es in dieser Zeit zwei verschiedene Namen. Die einen nennen ihn sliestorp, später sliaswich – Schleswig bedeutet Bucht oder Handelsplatz an der Schlei. Die anderen nennen ihn Haithabu, das bedeutet in etwa Heidedorf. Eigentlich heißt es Haithaby; -by heißt Siedlung, Dorf, Stadt. Eingedeutscht kann so ein Dorf dann auch Bullerbü heißen. Auf -by enden viele skandinavisch geprägte Ortsnamen in der heutigen deutschen Ostseeregion.
Haithabu liegt als südlichste Wikingersiedlung im Grenzgebiet, im südlichsten Teil des Dänischen Reiches. Jenseits der Eider liegt das Reich der Sachsen, das bald vom mächtigen Fränkischen Reich erobert wird. Haithabu ist als attraktiver, hervorragend gelegener Handelsplatz stets bedroht, profitiert aber entscheidend von seiner Lage als Grenzort. Die Dänen errichten bereits etwa ab dem Jahr 700 entlang der Grenze zu den Sachsen schrittweise einen gewaltigen, 30 Kilometer langen Schutzwall, das Danewerk. Der König bietet den Fernhandelskaufleuten Schutz, lässt sich das aber mit Zöllen und Abgaben gut bezahlen. Zur Verteidigung gegen Angriffe baut die Stadt einen Schutzwall im Halbkreis um die Häuser herum, mit mindestens zwei Stadttoren.
Der dänische König regiert sein Reich von wechselnden Orten aus, residiert einige Zeit auch in Haithabu.

Hohe Handwerkskunst

Haithabu ist nicht nur der bedeutendste Handelsplatz in Nordeuropa, er ist auch ein Zentrum großer Handwerkskunst. Aus ganz Nordeuropa kommen die besten Spezialisten hierher und verarbeiten das Material, das oft von weither stammt, zu hochwertigen Qualitätsprodukten.

Aus wertigem Ahornholz fertigen die Drechsler an ihrer Drehbank Becher und andere Gefäße. Haithabu braucht sehr, sehr viel Eisen und importiert Roheisen; Schmiede verarbeiten es für den Schiffbau, fertigen Waffen, Werkzeuge und Geräte. Hier fliegen die Funken, die Schmiedeessen liegen deshalb weit weg von den Holzhäusern, die leicht Feuer fangen können. Schmiede erschaffen etwas, sind schöpferisch tätig; bis heute kennt unsere Sprache beispielsweise den Dichter, der Verse schmiedet. In der nordischen Götterwelt spielen Schmiede eine große Rolle, wie der Hammer des Gottes Thor zeigt.

Goldschmiede arbeiten, wohl meist im königlichen Auftrag, mit dem kostbaren, glänzenden Rohstoff Gold – dem Zeichen der Macht. Den filigranen Schmuck kann sich nur die absolute Oberschicht leisten; oft bekommt sie ihn von den Herrschern als Geschenk für ihre Loyalität. Großartige Künstler sind auch die Perlenmacher; das Rohglas wie auch die Farbstoffe importieren sie oder erzeugen sie selbst. Die Perlen funkeln in leuchtenden Farben. Wie die Perlenmacher brauchen auch die Metallgießer ein Feuer aus Holzkohle mit extrem hohen Temperaturen. Sie arbeiten meist mit Kupfer, seltener mit Silber, fertigen Bestandteile der Frauentracht, wie Spangen, Zubehör für Krieger und Reiter, Gegenstände für den Alltag.

Erschwinglicher sind die Produkte der Blei- und Zinngießer; sie stellen „Modeschmuck" her. Und einzelne sind in der Lage, Falschgeld herzustellen – sie imitieren wertvollere islamische Silbermünzen.

In der Heimat findet der Kammmacher seine Rohstoffe; das Geweih des einheimischen Rothirschs verarbeitet er auch zu Nadeln, Spindeln oder Spielsteinen.

Hohe Kommunikations- und Tauschkunst

Der Handel macht Haithabu wohlhabend. Die Stadt baut den Hafen immer weiter aus, er wird zum größten Seehafen in Nordeuropa. Die modernen Landebrücken machen das Entladen und Beladen der Schiffe einfach. Hier ist der Mittelpunkt des Handels, hier landen die Feinde bei Überfällen und landen viele Abfälle im Wasser. Ein buntes, multikulturelles Sprachengewirr ertönt auf dem Markt, unterstützt von viel Zeichensprache. Hier treffen Dänen auf Sachsen und Slawen, Friesen und Franken. Dazu kommen Kaufleute von weit und breit, auch aus dem Orient oder aus Westeuropa.
Beim Feilschen müssen sich die Beteiligten auf einen Preis einigen. Sie tauschen Waren gegen Waren. Abgewogenes Silber dient häufig als Zahlungsmittel; ein junger Sklave wird für gut 400 Gramm Silber verkauft. Oft zahlen Kaufleute aus dem Westen mit Münzen, Händler aus dem Osten mit Perlen. Hilfreich wäre ein einheitliches Zahlungsmittel; schon ab 825 prägen Handwerker Silbermünzen, viel später hoch offiziell als königliche Münzprägestätte.

Erholung nach harter Arbeit

Der Alltag der Wikinger in Haithabu ist von Arbeit geprägt. Doch sie genießen auch ihre Freizeit. Musik spielt eine große Rolle. Gespielt wird auf verschiedenen Flöten, Leiern, Fiedeln. Dichter tragen Gedichte und Geschichten vor. Verschiedene Brettspiele sind im Einsatz.
Kinder spielen mit Puppen, mit Schiffen und Waffen – und lernen dabei viel von dem, was sie als Erwachsene brauchen werden. Schon früh müssen sie mitarbeiten beim Sichern des Lebensunterhalts. Die Säuglings- und Kindersterblichkeit ist hoch im frühen Mittelalter.

Der Handelsweg über See und Land

Schiffe, die von der Ostsee kommen, fahren etwa 40 Kilometer auf der Schlei bis Haithabu. Vier Engstellen hat die Schlei – die Enge von Arnis, die Enge von Lindau, die Enge von Missunde und die Enge von Stexwig. Hier lauert für Reisende und Händler die große Gefahr, überfallen zu werden. Um das zu verhindern, werden Verteidigungsanlagen gebaut, sichern Streitmächte zu Wasser und zu Land die wichtige und lukrative Wasserstraße.

Auf dem Ostseearm geht es bis Haithabu, von Hollingstedt in die Nordsee. Dazwischen liegen 18 Kilometer beschwerlicher Landweg; es gibt kaum befestigte Straßen. Die Verteidigungsanlage des Danewerks bietet Schutz vor Überfällen. Die Reisenden und Händler sind zu Fuß oder auf einem Reittier unterwegs. Lasttiere transportieren die vielen Waren. Und hölzerne Wagen, die bis zu 1.000 Kilogramm tragen können.

In Hollingstedt geht es wieder auf ein Schiff. Etwa 60 Kilometer sind nun zuerst auf der Treene und danach auf der Eider bis zur Nordsee zurückzulegen. Im Gegensatz zur Ostsee spielen in der Nordsee Ebbe und Flut eine große Rolle. Die Schiffe fahren mit der Flutwelle ins Landesinnere und kehren mit dem abfließenden Wasser und der neuen Ladung wieder zur Nordsee zurück.

Die Transitstrecke braucht eine Infrastruktur und bringt der gesamten Region einen Aufschwung. Die Reisenden brauchen Lotsendienste zum Navigieren auf den Flüssen. Wie auch die Menschen in Haithabu brauchen sie etwas zu essen und zu trinken. Viele Handwerker arbeiten beim Bau der Schutzwälle des Danewerks mit.

Wollen die Wikinger Beute machen, stechen sie mit dem schnellen Kriegsschiff in See. Immer im Blick ist die Jagd auf Menschen; die sie zu Sklaven machen und lukrativ verkaufen. Geht es um Geschäfte, sind sie mit dem Handelsschiff unterwegs; die größten Handelsschiffe fassen 60 Tonnen Ladung. Daneben gibt es viele Einbäume – Boote, die aus einem einzigen Baum gefertigt werden.

Die Heiden werden Christen

Die Wikinger verehren viele Götter, ihnen zu Ehren bauen sie Altäre und Tempel. Die Hauptrollen in der heidnischen nordischen Mythologie spielen Göttervater Odin, sein Sohn Thor – ein Freund der Menschen – und Freyr, der Gott der Fruchtbarkeit. Den Alltag prägen religiöse Rituale und Kulthandlungen; hier sind die Frauen stark beteiligt.

Die christlichen Franken werden nach ihrem Sieg über die Sachsen die direkten Nachbarn Dänemarks. Sie wollen die Heiden missionieren. Politik und Religion lassen sich in dieser Zeit nicht trennen. Im Christentum gibt es die Lehre, dass einem König sein Amt von Gott gegeben ist, dass Gott ihn zu seinem Stellvertreter auf der Erde auserwählt hat. Der dänische König mit dem schönen Namen Harald Blauzahn steht unter dem Druck der Franken und will seine Herrschaft festigen. Er lässt sich um 965 taufen und führt in ganz Dänemark den christlichen Glauben ein. Der Wechsel der Religion verändert die Gesellschaft in vielen Bereichen. In Haithabu leben Heiden und Christen nebeneinander und miteinander. Hier entsteht die erste Kirche Dänemarks, und bereits 948 wird die Wikingerstadt Bischofssitz.

Das Ende

Die Macht des dänischen Königs steigt, die Bedeutung des Christentums steigt; das Ansehen von Kriegern auf Raubzügen sinkt immer mehr. Die Kämpfer werden älter und es wird schwerer, neue Kämpfer zu rekrutieren. Immer mehr Wikinger werden dauerhaft sesshaft.

Die Städte in Ufernähe in Europa bereiten sich besser auf Überfälle vor und bauen bewachte Schutzwälle. Die Raubzüge werden damit immer gefährlicher für die angreifenden Wikinger selbst und hören irgendwann auf.

Norwegische Soldaten erobern im Jahr 1050 Haithabu und brennen es nieder. Das endgültige Ende der Stadt besiegelt ein slawischer Überfall im Jahr 1066. Haithabu wird aufgegeben und gerät bald in Vergessenheit. Schleswig am gegenüberliegenden Ufer der Schlei übernimmt alle Funktionen der einst so stolzen, nun in Trümmern liegenden Stadt, wird neues Handelszentrum. Im 12. Jahrhundert entsteht als Bischofskirche der stolze Dom; Bischofssitz ist Schleswig auch noch im 21. Jahrhundert, in der evangelischen Nordkirche. Im Laufe der Jahre und Jahrhunderte erobert sich die Natur das Areal von Haithabu zurück. Einzig der Halbkreiswall ist oberirdisch noch sichtbar. Die Trümmer schlummern im Dornröschenschlaf unter der Erde. Erst im 20. Jahrhundert legen Grabungen Teile der alten Wikingerstadt wieder frei. Als ein Segen für die Forschung erweist es sich nun, dass es keine neue Bebauung gegeben hat, sondern die Reste sind einfach sich selbst überlassen worden.

Haithabu heute

Ein ausgesprochen sehenswertes Museum zeigt die bisherigen Ergebnisse der Ausgrabungen mit vielen Fundstücken, darunter ein großes königliches Kriegsschiff. Am Haddebyer Noor stehen nachgebaute, lehmverputzte Flechtwandhäuser aus der Wikingerzeit und vermitteln auch die frühere Handwerkskunst. Im Sommer liegt an der rekonstruierten Landebrücke ein Wikingerboot.
Die UNESCO erklärt 2018 Haithabu zusammen mit den damit verbundenen Wallanlagen des Danewerks zum Weltkulturerbe.

Die ruhmreiche Königin

Lübeck – die erste deutsche Ostseestadt

Die Königin der Ostsee, das Tor zum Norden, die Mutter der Hanse, die Stadt der sieben Türme, das Weltkulturerbe – ruhmreich ist Lübeck, die erste deutsche Stadt an der Ostsee. Die Liebe steckt in ihrem aus dem Slawischen stammenden Namen; „die Liebliche" wird Lübeck auch genannt. Im Mittelalter wird sie schnell zum nordeuropäischen Handels- und Machtzentrum, wird sie schnell überaus reich. Viele Höhen und manche Tiefen hat Lübeck durchlebt, glanzvolle Siege errungen und schwere Niederlagen erlitten. Das eine oder andere soll hier erzählt werden. Wollte jemand alles berichten, was berichtenswert erscheint, würde das eine ganze Bibliothek füllen.

Das slawische Ljubice und die Stadt auf dem Hügel

Schon vor fünftausend Jahren siedeln Menschen im heutigen Lübecker Raum; Beile und Äxte aus ihrer Zeit werden gefunden. Später gibt es große Völkerwanderungen. Die Römer verlassen Britannien; die germanischen Stämme der Angeln und Sachsen wandern im fünften und sechsten Jahrhundert nach Britannien aus. Eine Zeitlang ist Ostholstein menschenleer. Im achten Jahrhundert wandern Slawen ein und gründen die Stadt Ljubice, auf Deutsch Lubeke – die Vorgängerin von Lübeck. Im elften Jahrhundert gibt es blutige Kämpfe zwischen Christen und Heiden. Verfeindete Slawen greifen im Jahr 1138 Ljubice an und machen es dem Erdboden gleich. Der Krieg hat das Gebiet verwüstet und entvölkert.
Der Holsteiner Graf Adolf von Schauenburg gründet 1143 Lübeck auf dem Hügel Bucu. Die Siedlung muss bald schwere Rückschläge hinnehmen, zweimal brennen Feinde sie nieder. Herzog Heinrich der Löwe lässt 1158 eine gut geplante Anlage aus einem Guss bauen und verleiht dem neu erbauten Lübeck 1160 das Stadtrecht. Der Handel floriert, die Stadt wächst dank der nahen Ostsee

schnell. Die Schiffe bringen Salz, Wein und Tuche in den Osten und kommen beladen mit Fisch, Pelzen und Rohstoffen wie Erz zurück. Auf dem Landweg kooperiert Lübeck erfolgreich mit Hamburg.
1180 überwirft sich Heinrich der Löwe mit seinem Vetter, dem Stauferkaiser Friedrich I. Barbarossa – und verliert den Kampf. Im Juli 1181 zieht der Kaiser festlich mit musikalischer Untermalung in Lübeck ein – und erteilt der Stadt größere Freiheiten als sie zuvor gehabt hat, teilt ihr Ländereien und Fischereirechte zu.
Kriege, immer wieder Kriege prägen die folgenden Jahrhunderte. Meist kämpft Lübeck gegen die Dänen; gelegentlich ist die Stadt mit ihnen verbündet.

Die Maus und Maria Magdalenas Mantel

1201 kommt Lübeck unter dänische Herrschaft, und daran ist eine Maus schuld. Vor einer Kirche wächst damals ein riesiger Rosenstock, der die Stadt unbesiegbar macht, glaubt man. Doch 1201, als die Dänen Lübeck belagern, baut eine Maus dort ihr Nest, frisst die Wurzeln an und bringt dem Rosenstock den Tod. Die Oberen der Stadt verlieren den Mut und ergeben sich. In der Marienkirche als Nachfolgebau sind Maus und Rosenstock zur steten Erinnerung in Stein gemeißelt.
Am 22. Juli 1227, dem Maria-Magdalenen-Tag, besiegen die Lübecker bei Bornhöved die dänischen Truppen. Dies gelingt nur mit heiliger Unterstützung: Den Lübeckern scheint die heiße Sonne ins Gesicht, doch plötzlich wird Maria Magdalena am Himmel sichtbar und hält ihren Mantel wie eine große schwarze Wolke vor die Sonne. Aus Dankbarkeit bauen die Lübecker ein Kloster und widmen es ihrer Stadtheiligen.
Dänemark hat in dieser Zeit fast das gesamte Ostseegebiet erobert und steht im Zenit seiner Macht. Umso erstaunlicher ist der Sieg der Lübecker.

Freie Reichsstadt „auf ewig" – die große Baustelle

Schon 1226 ernennt Kaiser Friedrich II. Lübeck zur Freien Reichsstadt im Heiligen Römischen Reich und verleiht ihr den Reichsfreiheitsbrief. „Auf ewig" soll die Stadt unmittelbar dem Kaiser und seinem Schutz unterstehen; dieser stolze Status wird der Stadt erst 711 Jahre später wieder genommen werden.
Im 13. Jahrhundert baut Lübeck unentwegt. Alle fünf großen Stadtkirchen entstehen mit ihren sieben Türmen, dazu drei Klöster, das Rathaus und das Heiligen-Geist-Hospital. Alles aus Backstein! Eine kolossale Leistung. Die Marienkirche wird zur Mutterkirche der Backsteingotik überhaupt. Das Bauen mit Backstein ist zunächst eine reine Notlösung: Ergiebige Vorkommen von Naturstein sind im Norden Mangelware; dagegen gibt es rund um Lübeck reichlich tonhaltigen Boden, den man für das Brennen der Ziegelsteine braucht.
Die Kirchtürme werden immer höher. Natürlich hat die Königin der Ostsee hier die Nase vorn: Die Zwillingstürme der Marienkirche mit 125 und des Domes mit 115 Metern sind bis heute die höchsten Türme in Schleswig-Holstein.

Die Hanse und der Schwarze Tod

Die Hanse ist das erste Weltwirtschaftssystem in Nordeuropa, ist quasi ein Vorläufer der Europäischen Gemeinschaft. Unter den Ostseeländern entstehen durch den Städteverbund starke Bande, zumal sich allmählich auch familiäre Bande entwickeln. Lübeck wird schnell zur Nummer eins in der Hanse; dies wird 1418 auch offiziell anerkannt. Lübeck führt auch immer wieder den Kampf an gegen die Piraten – die Vitalienbrüder.
Vom Schwarzen Meer her wird sie über Italien und Südfrankreich eingeschleppt und verbreitet sich in ganz Europa: die Pest, der

„Schwarze Tod". 1350 bricht sie erstmals in Lübeck aus. Ein Drittel der Bevölkerung stirbt, darunter auch der Bischof. Immer wieder schlägt die Seuche zu. Die Menschen stehen ihr hilflos gegenüber, sehen sie als Gericht Gottes für ihre Untaten. Doch im Angesicht des Todes gibt es etwas, das sie tun können: Sie spenden der Kirche Geld, damit sie und auch ihre verstorbenen Angehörigen nicht so lange im Fegefeuer bleiben müssen. Dadurch können die Franziskanermönche den Bau ihrer wunderschönen Katharinenkirche vollenden.

Verlierer und Sieger gegen Dänemark

1362 schicken die Hansestädte eine riesige Flotte nach Dänemark; Oberbefehlshaber ist der Lübecker Bürgermeister Johann Wittenborg. Der unerfahrene Mann operiert grob ungeschickt und so bleibt die Schlacht erfolglos – eine Blamage für die ruhmreiche und erfolgsverwöhnte Stadt. Wittenborg zahlt einen hohen Preis: In Lübeck wird er 1363 öffentlich enthauptet.

Sein Nachfolger, der kriegserfahrene Bürgermeister Brun Warendorp, führt dagegen 1368 die Flotte in Dänemark zum Sieg. Auch er stirbt schon bald, aber nicht durch Enthauptung, und erhält ein Ehrengrab in der Marienkirche.

1370 schließt die Hanse mit Dänemark den so genannten Stralsunder Frieden; der trägt weiter zum Aufschwung bei. Lübeck ist die stärkste Wirtschaftsmacht im Ostseeraum und gehört in dieser Zeit mit Köln und Magdeburg zu den größten Städten Deutschlands.

Hering, Salz und Bücher

1398 wird der Stecknitzkanal fertig; dieser erste Schleusenkanal in ganz Europa führt über 94 Kilometer von Lübeck bis nach Mölln. Lübeck will gegenüber Wismar nicht ins Hintertreffen geraten und

auch einen schnellen Weg zum „weißen Gold des Nordens“ bekommen – zum Salz aus Lüneburg.
Salz und Hering gehören eng zusammen im Mittelalter. Freitags ist Fastentag – und damit für viele Menschen Heringstag. Das Salz konserviert den Hering. Lübeck exportiert Hering und das Lüneburger Salz im ganzen Ostseeraum bis nach Russland.
Johannes Gutenberg erfindet um 1440 den modernen Buchdruck. Bald wird Lübeck zum großen Druck- und Buchzentrum für den Ostseeraum; Bücher werden zum erfolgreichen Exportartikel.

Die erfolgreiche Obrigkeit

Um 1400 gibt es in Lübeck wohl um die 22.000 Einwohner; nur etwa 3.200 von ihnen haben das Bürgerrecht – in der Regel Haus- und Grundbesitzer. Nur ein Mann mit freiem Grundbesitz ist ein vollwertiger Bürger. Die Armen im Mittelalter rebellieren meist nicht gegen die weltliche Obrigkeit; sie sehen ihre Armut als ihr gottgegebenes Schicksal an.
Schon seit 1201 verwaltet der so genannte Rat als autonomes bürgerliches Organ die Stadt. Die Ratsherren werden aus den beruflich erfolgreichsten Personen und Familien ausgewählt – Kaufleute, später auch Juristen aus dem Gelehrtenstand. Eine absolute Leistungsgesellschaft: Versager müssen ausscheiden, Neureiche rücken nach. Die Politik der Stadt ist fast nur auf den Erfolg des Fernhandels ausgerichtet; dies hat ihren wirtschaftlichen Aufstieg sehr erleichtert. Bis zum 19. Jahrhundert bleibt diese Struktur weitgehend unverändert.
1460 fällt nach Schleswig auch Holstein an den dänischen König, dessen Machtbereich damit ganz nahe an Lübeck heranrückt. Der Vertrag von Ripen legt fest: Die Herzogtümer Schleswig und Holstein bleiben „up ewig ungedeelt“, auf ewig ungeteilt, unter dänischer Herrschaft. Lübecks umsichtiger Bürgermeister Hinrich Castorp lässt die Verteidigungsanlagen der Stadt ausbauen. Am Hafen

entstehen neue Türme und Erdwälle, vor der Holstenbrücke auch das heutige Holstentor mit seinen zwei prächtigen Türmen und 30 Geschützen, die aber niemals zum Einsatz kommen.

Amerika und der Seehandel

Die Konkurrenz von Lübeck erstarkt. Ab 1400 baut England den Ostseehandel massiv aus. 1430 bringen die Holländer den Ostseehandel in ihre Hand. Christoph Kolumbus entdeckt 1492 die Neue Welt, die später Amerika genannt wird. Der Seehandel verlagert sich bald in Richtung Westen, in die Nordsee; nun haben Städte wie Hamburg und Bremen viel bessere Karten als Lübeck.
Martin Luther löst 1517 mit seinen 95 Thesen die Reformation aus. Die Nachbarstädte und -länder von Lübeck wechseln zum Protestantismus. Der Rat und der Bürgermeister von Lübeck lehnen die neue Lehre ab, die Bürgerschaft hält dagegen; der Lübecker Kirchenkampf tobt. Erst 1530 schafft der Rat den katholischen Gottesdienst ab.
Die Reformation führt in Deutschland zu Konflikten zwischen katholischen und protestantischen Landesherren; Lübeck bleibt als reichsfreie Stadt neutral.

Die Geheimwaffe und die abschreckenden Kanonen

Im Nordischen Seekrieg von 1563 bis 1570 kämpft Lübeck mit Dänemark gegen Schweden. Mitten im Krieg baut die Stadt ihre neue Geheimwaffe, baut das größte Schiff ihrer Geschichte. „Der Adler" ist eine Riesenfestung mit 140 Kanonen und 2.000 Männern an Bord. Stolz fährt er 1567 auf das Meer hinaus und späht nach dem Feind – und findet keinen. Die Schweden sind klug genug, diesem

Kampfschiff aus dem Weg zu gehen. Ohne jeden Einsatz ist es schon bald reparaturbedürftig, wird zum Handelsschiff – und wird schon nach einer Ladung Salz abgewrackt. Der Nordische Seekrieg ist der letzte Seekrieg der Stadt.
Ab dem Ende des 16. Jahrhunderts baut Lübeck die Verteidigungsanlagen weiter aus. Das erweist sich als glücklicher Umstand im Dreißigjährigen Krieg ab 1618, der mehr oder weniger ein Krieg zwischen katholischen und protestantischen Herrschern ist. Die Befestigungen um die Stadt sind 18 Meter hohe, mit Kanonen ausgestattete Wälle. Die Abschreckung wirkt, kein Gegner wagt den Angriff.
Lübeck kann als neutrale Stadt friedensstiftend wirken. 1629 kommt der „Frieden von Lübeck" zustande – nur ein Teilfrieden, aber immerhin.

Die Sklavenkasse und der Walfang

Die Mauren werden gegen Ende des 15. Jahrhunderts aus Spanien vertrieben. Von Nordafrika aus agieren sie nun als Seeräuber. Sie überfallen Schiffe im Mittelmeer und auf dem Atlantik bis hoch nach Island, rauben sie aus und versklaven die Männer an Bord. Auch viele Seeleute aus Lübeck fallen ihnen zum Opfer. Nur gegen viel Geld sind sie freizukaufen; dies geht im italienischen Livorno über die Bühne. Die Reeder als Arbeitgeber und die Seeleute als Arbeitnehmer zahlen gemeinsam – so wie heute in die Sozialversicherung – Geld in eine Sklavenkasse ein. 1861 wird sie aufgelöst.
An der Nordsee und der Ostsee bricht ab der Mitte des 17. Jahrhunderts das Walfieber aus – abenteuerlich und gefährlich, aber gewinnträchtig ist der Walfang vor Spitzbergen und später vor Dänemark. Auch Lübeck beteiligt sich. Der Grönlandwal und der Nordkaper schwimmen langsam und sind eine leichte Beute für die Männer mit der Harpune. Ein Grönlandwal wiegt so viel wie 20 Elefanten.

Von Frühjahr bis Herbst sind die Männer unterwegs; viele kehren nicht zurück. Meist sterben sie nicht beim Kampf mit dem Wal, sondern werden krank oder ihre Schiffe werden vom Packeis eingeschlossen. Doch bald ist die goldene Zeit vorbei – zu viele Tiere wurden abgeschlachtet, die Wale sind fast ausgerottet.

Die Russen und die Franzosen

Von 1700 bis 1721 tobt der Große Nordische Krieg: Schweden gegen Russland, Dänemark und Sachsen-Polen. Lübeck bleibt weitgehend verschont. 1716 kommt ein hoher Besuch in die Stadt: Zar Peter der Große mit seiner Gemahlin. Der Zar verspricht, den Handel mit Lübeck zu fördern. Schweden verliert den Krieg; Russland steigt auf zum stärksten Staat an der Ostsee und zur Großmacht in Europa.
Frankreich führt unter Napoleon ab dem Ende des 18. Jahrhunderts Krieg gegen England. Lübeck trifft nun eine weitreichende Entscheidung und erklärt allen Kriegführenden seine Neutralität; die Stadt baut ihre Verteidigungswälle zurück und verkauft die Kanonen als Alteisen.
Doch 1806 kommt der Krieg dennoch. Die preußische Armee unter Blücher rettet sich nach schweren Niederlagen nach Norddeutschland und kommt nach Lübeck. Die Franzosen schlagen die Preußen und plündern die Stadt; viele Menschen sterben. Im Triumphbogen in Paris findet sich unter den dort aufgezählten siegreichen Schlachtorten Napoleons auch Lübeck. Eine französische Besatzungstruppe bleibt in der Stadt. Lübeck muss große Zahlungen leisten – und wird ab 1811 Teil von Frankreich. 1812 greift Napoleon Russland an, dort stirbt nach der erfolglosen Belagerung Moskaus fast sein ganzes Heer. Im Jahr 1813 ist Lübeck umkämpft; zuerst kommen russische Truppen, dann erobert Frankreich die Stadt zurück, bis schließlich Schweden Lübeck endgültig befreit.

Die Stadt der Dichter

In der Lübecker Mengstraße residiert seit 1579 Schmidt-Römhild, Deutschlands ältestes Verlagshaus, und seit 1678 Carl Tesdorpf, Deutschlands ältestes Weinhandelshaus. In der Mengstraße 4 sind die schreibenden Brüder Thomas und Heinrich Mann aufgewachsen.
Heute ist Lübeck berühmt für die beiden und stolz auf sie. Zu ihren Lebzeiten haben sie aber einen schweren Stand; viele Einwohner fühlen sich und ihre Stadt durch die bekanntesten Werke der Brüder verunglimpft. Thomas Mann wird mit seinem 1901 erschienenen Roman „Buddenbrooks“, der in großen Teilen die Geschichte und den Niedergang seiner eigenen Familie schildert, weltberühmt und erhält dafür 1929 den Literaturnobelpreis. 1955 beschließt der Lübecker Rat mit einer Stimme Mehrheit die Ehrenbürgerschaft.
Der Lyriker Emanuel Geibel ist dagegen schon zu seinen Lebzeiten bis 1884 in seiner Heimatstadt Lübeck hochgeschätzt. Aus seiner Feder stammt das schöne Frühlingslied „Der Mai ist gekommen“.

Die dunklen Jahre des Dritten Reiches

Die Zeit des Dritten Reiches erschüttert Lübeck bis ins Mark. Der 19-jährige Lübecker Herbert Frahm flieht 1933 gerade noch rechtzeitig nach Norwegen und engagiert sich im Widerstand; seinen Decknamen Willy Brandt behält der spätere Bundeskanzler sein Leben lang bei.
Nach 711 Jahren geht für Lübeck 1937 die Zeit seiner Reichsfreiheit zu Ende. Die Stadt verliert einige Gebiete und ihre territoriale Souveränität, wird Schleswig-Holstein eingegliedert – welch eine Demütigung für die stolze Königin der Ostsee! Mit ihrem Versuch, ihre Selbstständigkeit zurückzuerhalten, wird sie 1956 beim Bundesverfassungsgericht scheitern.

1940 lässt Adolf Hitler die englische Stadt Coventry samt ihrer Kathedrale dem Erdboden gleichmachen. Im März 1942 wird Lübeck als erste deutsche Großstadt großflächig bombardiert. Die Bomben der Alliierten zerstören ein Fünftel der bebauten Innenstadtfläche; der Dom, St. Marien und St. Petri brennen fast vollständig nieder. Vier Lübecker Geistliche verkünden in den Gottesdiensten, das sei das Strafgericht Gottes. Dafür verurteilt sie der Volksgerichtshof zum Tode; sie werden hingerichtet.

Der wiederholte Wiederaufbau

Mit einem Kraftakt gelingt der Stadt der Wiederaufbau, wie sie ihn in ihrer bewegten Geschichte immer wieder geschafft hat. Über tausend Kulturdenkmale liegen in den erhaltenen Bereichen der Altstadt. Diese liegt auf dem Hügel und ist, als Insel vom Wasser der Trave umschlossen, nur knapp zwei Quadratkilometer groß. Die UNESCO erklärt die Lübecker Altstadt 1987 zum Weltkulturerbe – das erste deutsche und nordeuropäische Kulturdenkmal dieser Art.

Die Silhouette der Königin der Ostsee, der Stadt der sieben Türme ist atemberaubend schön.

Mit der Kogge bis in den Orient

Die Hanse und ihr Handel

Was haben der Fußballverein Hansa Rostock und die Deutsche Lufthansa gemeinsam? Die Hansa im Namen. Was haben die Städte Bremen, Hamburg, Lübeck und Rostock gemeinsam? Den Buchstaben H für Hansestadt als ersten Buchstaben im Kennzeichen für Kraftfahrzeuge. Die Hanse war eine wirtschaftliche Supermacht des Mittelalters, die auch Politik machte. Über 400 Jahre, von der Mitte des 13. Jahrhunderts bis zum Ende des 17. Jahrhunderts, gehörte sie zu den Big Playern.

Die Fahrgemeinschaft steht am Anfang

Fernreisen sind im Mittelalter eine gefährliche Sache, vor allem, wenn man wertvolle Waren im Gepäck hat. Oft lauern Räuber auf Beute – an Land oder auf hoher See. Da ist es für die Kaufleute einer Stadt oder einer Region besser, wenn sie sich zusammentun; gemeinsam sind sie stärker, auch beim Verkaufen ihrer Waren am Ziel der Reise. Solche Fahrgemeinschaften von Ostsee- und Nordseehändlern stehen am Anfang der Hansegeschichte. Im Althochdeutschen steht Hanse für „Schar" oder „Gefolge". Die Kaufleute sind meist selbst an Bord der Schiffe und machen am Zielort ihre Geschäfte, verkaufen und tauschen ihre Waren.

Vom fahrenden Händler zum Unternehmer

Einen entscheidenden Schub bekommen diese Kooperationen der Kaufleute mit gleichen Interessen, nachdem Lübeck 1143 gegründet wird. Die erste deutsche Stadt an der Ostsee ist von ihrem Hinterland her sicher mit Waren erreichbar. Der Zugang zum Meer macht den Fernhandel erst richtig möglich, vor allem den Osthandel. Nordrussland ist reich an Rohstoffen. Die westeuropäischen Kaufleute liefern Tuche, Metall, Wein, Salz und Hering und tauschen sie in Nowgorod gegen Holz, Wachs, Pelze, Gewürze oder

Seide. Über die russischen Flüsse Dnepr und Wolga führen die Handelswege bis in den Orient – ans Kaspische Meer und nach Persien.
Schnell haben die Kaufleute erkannt, dass sie viel mehr Geld verdienen, wenn sie auf den Zwischenhandel verzichten und ihre Waren im Direkthandel vermarkten. Uns sie sind klug genug, den Handel im Binnenland und den Seehandel zu vereinen.
Die Kaufleute werden immer professioneller, auch die Kaufmannslehre ist anspruchsvoll. Immer mehr Kaufleute betreiben gleich mehrere Schiffe, fahren nicht mehr selbst mit ihren Waren, sondern überlassen das ihren Angestellten; vom fahrenden Händler werden sie zum Unternehmer. Am heimischen Schreibtisch planen sie ihren Fernhandel in die verschiedenen weit entfernten Städte.
Auf der langen, gefährlichen Reise nach Russland bietet sich ein Zwischenstopp an. Die Insel Gotland liegt vor der schwedischen Küste mitten in der Ostsee und wird zu einem wichtigen Stützpunkt des Handels. Lübecker Kaufleute schließen sich zur Genossenschaft der Gotlandfahrer zusammen. Und sie bauen Handelsstützpunkte auf in weiteren Städten an der Ost- und Nordsee und auch in Städten im Binnenland. Der Handel floriert, der Wohlstand steigt in diesen Städten. Im Laufe der Zeit wird die Kaufmannshanse immer mehr zu einer Städtehanse, die zu einem großen wirtschaftlichen Aufschwung im Norden Deutschlands führt.

Von der Kaufmannshanse zur Städtehanse

Eine offizielle Definition für dieses Städtebündnis gibt es nicht. Und auch keine offizielle Gründung der Hanse; der Begriff taucht 1282 erstmals auf.
Viele Kaufleute sind zuhause sehr angesehen, sitzen in den Stadträten und setzen sich für ihre Interessen ein. Die Städte sprechen sich ab und sagen sich untereinander Schutz und Rechtssicherheit zu, si-

chern sich gegenseitig Privilegien. Durch diesen Freihandel werden nicht nur die Kaufleute, sondern auch die Städte immer reicher. Dies führt auch zu einer stark wachsenden Bautätigkeit; viele große Kirchen und andere bedeutenden Gebäude wachsen in den Himmel. Im nördlichen Europa gehören zu den Spitzenzeiten der Hanse über 200 Städte dazu. Viele Küstenstädte sind dabei, wie Lübeck, Hamburg, Bremen, Wismar, Rostock, Stralsund, Greifswald, Danzig und Königsberg. Auch Binnenstädte wie Köln, Dortmund, Hannover oder Berlin machen mit.
Im Gebiet des heutigen Schleswig-Holsteins macht Lübeck von Anfang an mit. Kiel tritt 1283 auch bei, doch die Wirtschaft ist so schwach, dass das Bündnis nur wenig Nutzen entfaltet. Und Kiel wird immer wieder vorgeworfen, Piraten aufgenommen zu haben; deshalb wird die Stadt schließlich 1554 aus der Hanse ausgeschlossen.
Lübeck und Hamburg schließen schon im Jahr 1230 einen Bund miteinander und teilen sich das Territorium geografisch auf. Hamburg handelt vor allem im Bereich der Nordsee und in Westeuropa. Lübeck konzentriert sich auf Skandinavien und den Osten. Auf der Nordsee arbeitet Hamburg mit eigenen Schiffen, die Waren für den Ostseeraum gehen in Lübeck auf die dortigen Schiffe.

Die Königin und die Kosten-Nutzen-Rechnung

Die Nummer eins, quasi die Hauptstadt der Hanse ist unbestritten Lübeck; auch „die Königin der Hanse“ wird sie genannt. Das mag für die dortigen Kaufleute manche Vorteile haben, aber besondere Rechte im Vergleich zu den anderen Städten bringt es nicht. Im Stadtwappen trägt Lübeck rot und weiß. Dies ahmen viele andere Hansestädte nach; so werden Rot und Weiß die Farben der Hanse. Eine feste Organisationsform hat die Hanse nicht. Sie führt nicht einmal eine richtige Mitgliederliste. Deshalb ist nicht einmal sicher, welche Städte wann zur Hanse gehören. Eine nüchterne Kosten-

Nutzen-Rechnung steht stets im Mittelpunkt. Treten Kaufleute oder Städte der Hanse bei, müssen sie ein Entgelt entrichten, das ebenfalls „Hanse" heißt. Die Hanse braucht Geld für ihre Lobbyarbeit, muss auch mal Beamte bestechen. Und sie muss den einen oder anderen Krieg finanzieren.
Bei Bedarf treffen sich die Hansestädte zum Hansetag, meist in Lübeck, erstmals 1358; allerdings kommen längst nicht alle Städte, vor allem kleinere Städte beauftragen oft benachbarte größere Städte mit ihrer Vertretung. Der gastgebende Bürgermeister leitet die Versammlung. Die Beschlüsse, die für alle gelten, müssen – wie bei der Europäischen Union – einstimmig sein; das sorgt immer wieder für Kontroversen. Zudem müssen komplexe Fragestellungen immer wieder zurückverwiesen werden an die Parlamente aller Hansestädte; auch das erinnert an die Schwierigkeiten der EU und an die langen Zeiträume, bis alle einen Beschluss umgesetzt haben.
Nichtsdestotrotz ist die Hanse eine ausgesprochen mächtige Organisation, die in ihrer Blütezeit den Handel und den Transport auf der Nordsee und der Ostsee weitgehend beherrscht. Noch behauptet sie sich gegen die wachsende Konkurrenz von Händlern in Italien, England oder Süddeutschland, wie die Fugger in Augsburg.
Auch die Kaufleute selbst sind meist nicht mehr auf sich allein gestellt. Sie vernetzen sich immer besser, organisieren sich in Handelsgesellschaften. Meist suchen sie sich ihre Geschäftspartner in der eigenen Verwandtschaft.

Handelsniederlassungen bis nach Russland

Die Hanse wächst und wächst. Im 16. Jahrhundert betreibt sie Handel bis nach Russland, nach Portugal, nach Süditalien.
In vielen Ländern gründet sie Handelsniederlassungen. In den vier wichtigsten ausländischen Handelsplätzen eröffnet sie große Stützpunkte, die Kontore: in Nowgorod im hohen russischen Norden,

in London, im flandrischen Brügge und in Bergen an der norwegischen Westküste.
Ein Kontor heißt im Wortsinn „Schreibstube" oder „Zahltisch". Vergleichbar einer heutigen Botschaft bietet das Kontor den Fernhändlern einen eigenen Rechtsraum mit einem sicheren Quartier. Die jeweiligen Herrscher räumen der Hanse Privilegien ein, gewähren den Kaufleuten Schutz vor überteuerten Gebühren, vor willkürlichen Verhaftungen, vor räuberischen Überfällen. Das Kontor leitet ein gewählter Ältermann. Er sichert den Handel der Kaufleute und ihre Rechtsposition ab, pflegt gute Beziehungen zu den Landesherren. Auch achtet er darauf, dass die Händler sich an die Regeln halten. Der weite Weg nach Nowgorod dauert lange und unterwegs lauern viele Gefahren; die Kaufleute halten sich deshalb meist gleich mehrere Monate dort auf.
Feste neue Handelsrouten etablieren sich. Der Süd-Nord-Weg führt vom Rhein über die Weser nach London. Der West-Ost-Weg verbindet London und Nowgorod über die Nord- und Ostsee. Magdeburg steht am Anfang einer Route, die über Bremen und Lübeck bis nach Bergen führt.

Hänseln kommt von Hanse

Die Hanse hat auch auf unschöne Weise Aufnahme in die Alltagssprache gefunden. Das Hänseln, also das Verspotten und Mobben, geht wohl auf die ominösen Bräuche bei der Aufnahme neuer Lehrlinge in die Hansegemeinschaften in den Kontoren zurück; die Kaufleute in Bergen nennen dies die „Bergener Spiele". Die Neuen müssen Mutproben bestehen und manchen Ulk über sich ergehen lassen; man taucht ihren Kopf in einen Wasserbottich oder hängt sie in einem Sack in den Rauch über dem Feuer.

Die Versorgung für die Stadtbewohner

Der Fernhandel macht viele Kaufleute reich. Und er sichert die Versorgung der vielen Menschen in den wachsenden, aufstrebenden Hansestädten. Wenn die Hansekoggen zurückkommen, ist ihr großer Bauch prall gefüllt mit Lebensmitteln wie Getreide und Pökelfleisch, Fisch und Salz, Wein und Bier; dazu kommen Textilien und Felle.

Die Reichen und die Armen

Die Kaufleute und Händler in den Hansestädten werden oft sehr reich und bauen sich repräsentative noble Wohnhäuser, oft im zeitgemäßen Stil der Backsteingotik. In den Häfen gibt es viel Arbeit beim Beladen und Entladen der Schiffe; die Tagelöhner arbeiten hart für einen Hungerlohn. Die Schere von Reich und Arm geht weit auseinander. Hier zeigen sich schon früh die Schattenseiten des Kapitalismus.

Die Kogge

Am Ende des 12. Jahrhunderts entwickeln die Schiffbauer ein neues Modell – die Kogge. Dieses robuste Frachtschiff aus Holz ist schnell zu bauen und wird schnell in großer Zahl gebaut, wird zum Symbol für die Hanse und ihren Seehandel. Das Schiff hat nur einen Mast und ein Rechtecksegel, oft in den Hansefarben rotweiß. Auf der Spitze des Masts ist oft ein Mastkorb als Ausguck, er wird auch „Krähennest" genannt. Mit seinem flachen Boden kann es auch in flache Gewässer segeln. Der große Bauch der Kogge fasst viel mehr Güter als die vorherigen Schiffstypen; gleichzeitig wird nur eine kleinere Mannschaft als zuvor gebraucht. Damit ist sie das perfekte Schiff für die Hanse und verschafft ihr einen großen Wettbewerbsvorsprung gegenüber den Rivalen.

Eine Kogge schafft, wenn der Wind günstig ist, eine Geschwindigkeit von fünf bis acht Knoten, also neun bis 14 Stundenkilometer. Segeln kann der Steuermann allerdings nur mit dem Wind und nicht gegen ihn, er kann nicht kreuzen. Meist navigiert er in der Nähe der Küste.
Im Laufe der Zeit werden diese Lastsegler immer größer. Im 14. Jahrhundert sind sie bis zu 25 Meter lang und erreichen in ihrem Rumpf mit dem großen Laderaum wohl eine Tragfähigkeit von bis zu 200 Tonnen Gewicht.

Im Krieg gegen Städte, Länder und Piraten

Die Kogge hat meist vorn und hinten eine aufgebaute Plattform, das so genannte Kastell. Von hier aus können die Seeleute gut das Schiff und das Meer überblicken und sich besser gegen Feinde verteidigen. Eine Kogge kann auch zum Kriegsschiff umgebaut werden.
Gegner und Feinde hat die Hanse genug. Immer wieder kommt es zum Kampf – unfreiwillig gegen die Piraten, geplant gegen Mächte, die die Geschäfte stören.
Die mit wertvoller Fracht beladenen Koggen sind eine hochattraktive Beute für die Piraten, die auf der Nordsee und der Ostsee lauern. Legendär ist der Kampf der Hanse mit den Viktualienbrüdern, darunter Klaus Störtebeker. Doch das ist eine eigene Geschichte.
In ihren besten Zeiten ist die Hanse eine nordeuropäische Supermacht, die ihre Handelsinteressen, wenn es ihr geboten erscheint, knallhart mit Gewalt durchzusetzen versucht. Mehrmals führt sie erfolgreich Krieg gegen Dänemark. Als die ostfriesische Stadt Emden den Piraten Zuflucht gewährt, besetzen mehrmals Soldaten der Hanse die Stadt, bis diese klein beigibt.
Auch gewaltfreie Kriege führt die Hanse, indem sie ein Land oder eine bestimmte Stadt einfach boykottiert.

Der Niedergang und der Untergang

Ab der Mitte des 15. Jahrhunderts beginnt die Macht der Hanse zu bröckeln. Die Staaten im Ostseeraum festigen ihr Territorium, die Herrscher werden stärker und einflussreicher.

Dänemark, Russland, die Niederlande oder Frankreich stellen das Handelsmonopol der Hanse in Frage und schränken die Privilegien und Steuerfreiheiten der Hansekaufleute ein. Der russische Zar schließt 1494 das Kontor in Nowgorod; 1603 geht die Zeit des Londoner Kontors zu Ende. Auch die deutschen Landesfürsten werden mächtiger, die Städte verlieren an Einfluss.

Die besser organisierte Konkurrenz wird immer stärker. Holländer und Engländer erobern sich Marktanteile im Ostseehandel. Dies drückt die Gewinne spürbar.

Nach der Entdeckung der Neuen Welt durch Christoph Kolumbus 1492 verlagert sich ein großer Teil des nordischen Handels auf den Atlantik; außer Hamburg und Bremen sind die Hansestädte daran kaum beteiligt.

Nachdem Martin Luther 1517 seine 95 Thesen veröffentlicht hat, führt in den nächsten Jahrzehnten die Reformation zu Parteiungen und Spaltungen der deutschen Christenheit und auch der Hansestädte.

Die Kaufleute und die Städte der Hanse halten am Bewährten fest und verpassen immer mehr den Anschluss an die moderne Zeit. Eine veraltete Buchhaltung erschwert die Bankgeschäfte. Auch untereinander lässt die Solidarität stark nach, und immer wieder scheitert die Hanse daran, die nötige Einstimmigkeit für eine gültige Entscheidung zu erreichen. Die reichen Seestädte und die verhältnismäßig armen Binnenstädte haben unterschiedliche Interessen, und die Seestädte sind sich untereinander auch nicht grün.

Der Dreißigjährige Krieg von 1618 bis 1648 zerstört den Handel und setzt dem schon angeschlagenen Bündnis schwer zu. 1669 treffen sich Delegierte der noch in der Hanse verbliebenen Städte

Lübeck, Hamburg, Bremen, Rostock, Danzig, Braunschweig, Hildesheim, Köln und Osnabrück zum letzten Hansetag in Lübeck. Sie fassen keinen Beschluss zur Auflösung; die Hanse schläft sanft ein.
Lübeck, Hamburg und Bremen bleiben weiterhin eng verbunden und arbeiten zusammen. Seit dem 19. Jahrhundert nennen sich diese drei Städte wieder stolz Hansestädte.

Die Hanse heute und die Hanseaten

Seit 1980 gibt es den neuen Städtebund „Die Hanse". Sie belebt die alte Hanse wieder, die formell nie aufgelöst worden ist. Die Geschäftsführung sitzt in – natürlich – Lübeck. Das internationale Bündnis mit fast 200 Städten in 16 Ländern setzt sich ein für Tradition und Völkerverständigung. Seit der Eiserne Vorhang zwischen Ost und West gefallen ist, machen auch viele Städte mit Hansegeschichte aus dem ehemaligen Ostblock mit – aus dem Baltikum, Polen, Weißrussland und Russland. Jedes Jahr ist eine andere Stadt Gastgeberin für den Internationalen Hansetag.
Auch in Ostdeutschland lebt nach der Wiedervereinigung die alte Tradition wieder auf. Die Städte Greifswald, Rostock, Stralsund und Wismar nennen sich Hansestadt und führen das H stolz im Autokennzeichen.
Die Hanse hat heute ein gutes Ansehen. Davon wollen viele Institutionen profitieren und nehmen die Hanse mit in ihren Namen auf.
Immer wieder ist auch die Rede von den Hanseaten. Viele Hamburger werden oft so genannt, beispielsweise die Spieler des Fußballvereins Hamburger SV. Der frühere Hamburger Senator und spätere Bundeskanzler Helmut Schmidt bezeichnete sich ausdrücklich als Hanseat.
Was macht einen „richtigen" Hanseaten aus? Es ist wohl eine Frage

der Haltung, einer Grundhaltung, mit Eigenschaften wie Weltoffenheit, Verlässlichkeit, Nüchternheit, Wagemut und einer Prise Selbstironie.
Das Symbol der Hanse ist heute in Rostock allgegenwärtig. Denn die Kogge ist der Hauptbestandteil des Vereinsemblems des Fußballvereins Hansa Rostock, der deshalb auch den Spitznamen Hansakogge hat.

„Gottes Freunde und aller Welt Feinde“

Die Piraten auf der Ostsee

„Junge, was willst du werden, wenn du groß bist?"
„Ich werde Pirat!"
So könnte es sich um das Jahr 1390 an der Ostsee zugetragen haben, in Eckernförde oder anderswo. Piraten haben in dieser Zeit eine wichtige staatstragende Aufgabe, sie arbeiten als Kaperfahrer im hoheitlichen Auftrag. Den Menschen auf den Handelsschiffen, die sie überfallen, ausrauben und oft umbringen, hilft das wenig. Auf hoher See sind die Piraten für die Seeleute fast so gefährlich wie Stürme und andere Naturgewalten.
Später und bis in unsere Zeit stilisieren Abenteuerromane und Filme die Seeräuber zu Helden. Hier begehren die Freibeuter wie ein Robin Hood auf gegen die ungerechte Gesellschaft des Mittelalters, nehmen von den reichen Adligen und Kaufleuten und geben es den Armen. Brave Bürger projizieren ihre Sehnsüchte auf furchtlose Sozialrevolutionäre, die gegen die Obrigkeit rebellieren und ein Leben in Freiheit führen. Mit dem tatsächlichen Geschehen hat dieses Klischee nur wenig zu tun.

Das Strandgut als Gottesgeschenk

Im Mittelalter sind immer mehr Handelsschiffe mit Waren auf den Meeren unterwegs. Bei Stürmen kentern Schiffe, erleiden Schiffbruch. Die Menschen an den Küsten holen sich die Beute, sie sehen dieses Strandgut als ein Gottesgeschenk an. Manchmal bringen sie Überlebende der Schiffe um, damit diese ihren Besitz nicht mehr zurückfordern können.
Das „Strandrecht" legt mancherorts das Procedere genau fest, auch die Herrscher wollen ihr Stück vom Kuchen abhaben. Von diesem Recht, das als von Gott gegeben angesehen wird, ist es nicht mehr weit zum Überfallen eines Schiffes auf See.

Raub im Auftrag der Politik

Seeräuber gibt es wohl schon fast so lange, wie es Boote gibt. Schon die Wikinger sind ab dem achten Jahrhundert auf ihren schnellen Schiffen unterwegs; allerdings überfallen und plündern sie bevorzugt küstennahe Orte. Von der griechischen Wortbedeutung her stehen Piraten dafür, dass sie etwas wagen oder unternehmen.
Gegen Ende des 14. Jahrhunderts kommt die hohe Politik ins Spiel. Die Piraterie bekommt eine neue Note. Sie wird hoffähig, wird offizielle Kriegspartei bei Konflikten zwischen zwei Herrschern. Wer alles ganz genau wissen will, muss tief eintauchen in die komplexe deutsch-skandinavische Geschichte, in oft schnell wechselnde Herrschaften und Bündnisse mit vielen großen und kleinen Kriegen, in Irrungen und Wirrungen.
In dieser Zeit ist nicht leicht zu sagen, wer im Recht oder im Unrecht ist, ob die Angreifer auf hoher See einfache Kriminelle sind oder im Auftrag einer hoheitlichen Autorität rauben. Für die Überfallenen macht es keinen Unterschied.
Die Piraten sind meist ein bunt zusammengewürfelter Haufen von Adligen und Bauern, Seeleuten und Handwerkern, Abenteurern und Heimatlosen. Zumindest ihre Anführer gehören zum Establishment in ihren Heimatstädten; sie schließen Verträge mit ihren Auftraggebern – mit hohen Herrschern, mit reichen Adligen oder Kaufleuten.
Die starke Frau der skandinavischen Politik, die nie offiziell zur Königin gekrönt wird, die dänische Herrscherin Margarethe, übernimmt nach dem Tod ihres Mannes 1380 auch die norwegische Regentschaft. Nun will sie die skandinavischen Königreiche unter dänischer Führung vereinigen. Auf dem schwedischen Thron sitzt der unbeliebte Albrecht III. von Mecklenburg. Der schwedische Reichsrat wählt Margarethe 1388 quasi zur Gegenkönigin; es kommt zum Krieg. Herzog Albrecht II. von Mecklenburg hilft seinem Sohn gegen Dänemark. Er stellt eine Kriegsflotte zusammen, mit verarmten Adligen aus Mecklenburg als Anführern, und stellt

ihnen Kaperbriefe aus. Die Kaperfahrer kämpfen gegen die dänischen Kriegsschiffe und überfallen dänische Handelsschiffe; was sie erbeuten, dürfen sie offiziell auf den Märkten in den Hansestädten Rostock und Wismar verkaufen. Sie durchbrechen auf der Ostsee den Belagerungsring um Stockholm, das sich als letzte schwedische Bastion gegen die dänische Belagerung stemmt, und versorgen die Menschen mit Lebensmitteln.
Dieser Erfolg erregt großes Aufsehen und macht die Piraten auf einen Schlag berühmt.

Die Vitalienbrüder

Diese Seeräuber werden Vitalienbrüder genannt, aber nicht erst seit sie Blockadebrecher sind. Der Name leitet sich wohl aus dem Französischen ab: Ein Vitailleur besorgt für die Soldaten während eines Feldzuges die Lebensmittel, „Viktualien", und beschlagnahmt dabei mitunter rücksichtslos, was er brauchen kann. Eine andere Erklärung für den Namen: die Vitalienbrüder müssen sich selbst versorgen mit Lebensmitteln, sie erhalten keinen Sold wie die Söldner, sondern fahren auf eigene Rechnung und auf eigenes Risiko.
Bald sind nicht mehr unbedingt Adlige die Anführer, sondern Männer, die ihren Wagemut und ihre Führungsqualitäten auf hoher See bewiesen haben. Zu den bekanntesten Hauptleuten gehören Godeke Michels und Klaus Störtebeker, Männer mit Charisma. Für die einen sind sie bewunderte Idole, für die anderen brutale Kriminelle. Bei Störtebeker ist nicht sicher, ob es ihn so wirklich gegeben hat oder ob sich hier Fakten und Sagen schon bald nach seinem Tod vermischt haben. Der Legende nach erhält er seinen Namen Störtebeker, niederdeutsch von „Stürz den Becher", für seine Trinkfestigkeit: Einen Humpen mit vier Litern Bier soll er in einem Zug geleert haben.

Sozialistische Gleichteilerei

Likedeeler, „Gleichteiler" nennen diese Piraten sich selbst, weil alle Seeleute an Bord den gleichen Anteil an der Beute bekommen; die Führungsleute erhalten etwas mehr. Alle haben ein gewisses Mitspracherecht. Auch dass man sie „Vitalienbrüder" nennt, zeigt, dass sie eine selbstbestimmte und solidarische Gemeinschaft bilden. In der damals extrem hierarchischen Gesellschaft erregt dieses eher demokratische und sozialistische Gegenmodell Aufsehen.
Für bettelarme Männer am Rand der Gesellschaft, die selbst nichts zu verlieren haben, ist das Dasein als Pirat trotz des hohen persönlichen Risikos durchaus attraktiv. Zu den besten Zeiten gibt es wohl 1 500 bis 2 000 Vitalienbrüder. Sie überfallen fast nur Schiffe mit Waren von reichen Kaufleuten; das dürfte dem Volk gefallen haben, das auf dem Land arm und unfrei lebt. Zum Geschäftsmodell der Piraterie gehört es auch, reiche Leute als Geiseln zu nehmen und ein hohes Lösegeld zu erpressen für deren Freilassung.
1395 erobern die Vitalienbrüder die Handelsmetropole Visby auf der Insel Gotland vor Schweden, die damals zu Dänemark gehört; die Festung wird nun ihr Standort. Im selben Jahr schließen Dänemark und Mecklenburg Frieden. Die Vitalienbrüder verlieren ihre offizielle Anerkennung als Kaperfahrer; dies hindert sie nicht, mit voller Kraft als Seeräuber weiterzumachen. Sie operieren selbstständig und geben ihre selbstbewusste Losung aus: Die Likedeeler sind „Gottes Freunde und aller Welten Feinde". Diese kühne Freiheitsparole vergrößert noch ihren Ruhm. Sie greifen alle Schiffe an, die ihnen gelegen kommen, und lähmen immer mehr den Handel auf der Ostsee. Die Preise explodieren, und bald fehlen Lebensmittel wie Getreide, Fisch oder Salz. Betroffen sind vor allem die Warenschiffe der Hanse – ein Bund von Kaufleuten und später von Städten, der gemeinsam seine Handelsinteressen vertritt und die Fahrten ins Ausland sichert. Die reiche und führende Hansestadt Lübeck verliert durch die Piraten viel Geld. Der mächtigen dänischen Herrscherin Margarethe entgehen hohe Zolleinnahmen. Jedenfalls muss etwas geschehen.

Von der Ostsee auf die Nordsee

Mit einer riesigen Kriegsflotte vertreibt 1398 der Deutsche Orden zusammen mit Lübeck die Piraten von Gotland; in der Ostsee kehrt nun vorläufig Ruhe ein. Die Vitalienbrüder verlagern ihren Seeraub in die Nordsee und lassen sich in Ostfriesland nieder. Und auch hier nutzen die Herrscher ihre Dienste und stellen ihnen Kaperbriefe aus. 1401 gelingt es der Hanse, viele Piraten gefangen zu nehmen; sie werden in Hamburg mit dem Schwert enthauptet, unter ihnen Klaus Störtebeker und Godeke Michels. Ein Vitalienbruder zu sein, bedeutet bei einer Gefangennahme den Tod. Ein Sonderstatus zeigt sich immerhin in der ehrenvollen Todesart der Enthauptung, die sonst nur für Adlige gilt. Wie in anderen Städten auch werden die Häupter der Seeräuber aufgespießt am Hafen zur Schau gestellt, zur Abschreckung für Möchte-gern-Nachahmer.
Sagenhaft reich sind die Vitalienbrüder offensichtlich nicht geworden, jedenfalls sind keine Schätze gefunden worden nach ihrer Gefangennahme.

Ausbeutung als Geschäftsmodell

Die Piraterie geht munter weiter. Denn die Politik entdeckt sie wieder. Bei den vielen Kriegen und Konflikten in Nordeuropa setzen viele Herrscher auf die Kaperfahrer in Nord- und Ostsee, um ihren Gegnern Schaden zuzufügen. Doch die jeweilige Gegenseite wie auch die Hanse akzeptiert die Freibriefe nicht, für sie handelt es sich um gewöhnliche Piraten.
Adlige entdecken den Seeraub als lukratives Geschäftsmodell und rüsten die Piratenschiffe aus. Der Kapitalismus mit dem Prinzip der Ausbeutung funktioniert schon früh: Wer Geld hat, sitzt sicher im Trockenen und kassiert den Hauptteil der Beute, den andere unter Lebensgefahr erkämpfen.

Große Schiffe mit wertvoller Fracht

Die Werften haben gut zu tun in der Zeit des blühenden Fernhandels und der vielen Kriege auf den Meeren. Viele Schiffe werden erobert oder versenkt, dafür müssen neue gebaut werden. Sie haben sogar schon eine einfache Bordtoilette. Und sie schaffen bis zu 15 Kilometer in der Stunde, wenn der Wind richtig weht und es keine Flaute gibt. Der bauchige, einmastige Schiffstyp der so genannten Kogge setzt sich durch – und wird gegen Ende des 14. Jahrhunderts immer größer, wie von den Kaufleuten gefordert. Bis zu 2.000 Tonnen Ware, verpackt in wasserdichten Holzfässern, kann eine große Kogge transportieren. Die Fracht ist breit gefächert: Getreide, Heringe, Wein, Salz und andere Gewürze, Schmuck aus Bernstein, Waffen, Werkzeuge und vieles mehr. Manches kommt von weit her, wie edle Tücher aus dem Orient. Der Wert eines vollbeladenen Schiffes ist beträchtlich und weckt Begehrlichkeiten. Die Herrscher und die Piraten setzen für ihre kriegerischen Zwecke denselben Schiffstyp ein, nur wird vorn und hinten eine erhöhte Gefechtsplattform eingebaut. Und an Bord sind viel mehr Männer.

Der Überfall

Ein durchschnittliches Handelsschiff der Hanse hat zehn bis 15 Seeleute an Bord. Dagegen sind 30 bis 50 Vitalienbrüder auf einem Schiff; einige werden auch gebraucht als Besatzung für ein erobertes Schiff.

Eine solche Eroberung geht oft ohne jede Gewalt über die Bühne: Der Kapitän des Handelsschiffes erkennt, dass er keine Chance hat gegen das überlegene Piratenschiff und gibt kampflos auf.

Bald reagiert die Hanse auf die Bedrohung durch die Piraterie und stattet ihre Schiffe mit deutlich mehr Seeleuten und Kriegern aus. Beide Seiten rüsten auf.

Sollte in einem Film Klaus Störtebekers Schiff die berühmtberüch-

tigte Totenkopffahne hissen, wäre eine peinliche Panne passiert: Diese Flagge führen erst karibische Piraten am Ende des 17. Jahrhunderts ein. Die Vitalienbrüder wollen sich nicht zu früh verraten; erst in unmittelbarer Nähe des begehrten Schiffs hissen sie wohl eine blaue Flagge. Sie können deutlich schneller fahren als die schwerbeladenen Handelsschiffe.
Schwere Geschütze mit Kanonen, wie sie in vielen Piratenfilmen vorkommen, sind erst ab Ende des 15. Jahrhunderts im Einsatz. Vorher setzen die Kämpfer als Fernwaffen ihre Langbögen ein und ihre Armbrüste. Das gegnerische Schiff soll möglichst nicht versenkt werden, sonst wäre es samt seiner Ladung für die Räuber verloren. Mit Enterhaken ziehen sie das andere Schiff vollends heran. Beim Entern kommt es zum erbarmungslosen Kampf Mann gegen Mann – mit kurzen Schwertern und mit Messern.

Das Leben eines Piraten

Jenseits aller romantischen Verklärung ist das Leben auf hoher See anstrengend. Die Arbeit kostet Kraft; besonders anstrengend ist das Setzen des großen Hauptsegels. Stets droht Gefahr durch Stürme oder feindliche Schiffe. Die nasskalte Witterung kann zu Krankheiten führen; nach einem Kampf gibt es Verletzte. Im Laderaum schlafen die Likedeeler auf Strohmatten. Das Zusammenleben auf engem Raum ist konfliktträchtig; dabei sind alle an Bord aufeinander angewiesen. Es gibt strenge Regeln und eine strenge Bestrafung bei einem Verstoß. Kommen die Piraten in einen Hafen, leben viele exzessiv – sie vertrinken und verspielen ihr Geld in den Spelunken, prügeln sich, gehen in Freudenhäuser.
Den schwierigsten Part an Bord hat wohl der Steuermann. Er hält sich möglichst an einen feststehenden Kurs in Küstennähe und orientiert sich an Klippen, Buchten oder Kirchtürmen. Es gibt noch keine Karten; ohne sie macht auch ein Kompass nicht viel Sinn. Das Fernrohr wird erst später erfunden.

Die Piraten von Eckernförde

Schon Ende des 14. Jahrhunderts ist Eckernförde, das mit seiner offenen Bucht einen schwer zu sperrenden Hafen hat, ein Stützpunkt von Piraten. Ihre große Zeit kommt durch die kriegerischen Auseinandersetzungen in den ersten Jahrzehnten des 15. Jahrhunderts. Der holsteinische Herzog in Schleswig schützt sie und beauftragt sie zum Seeraub. Sie überfallen dänische Schiffe wie auch Schiffe der Hanse. Immer wieder klagen deren Eigentümer über die bösen Eckernförder; einige Vorfälle sind dokumentiert. Um 1412 rauben die Piraten anscheinend sechs Tonnen Heringe. 1421 werfen sie die Besatzungen der gekaperten Schiffe über Bord, erbeuten 50 Pferde und riesige Mengen von wertvollem Salz, das gebraucht wird, um den Hering haltbar zu machen. Der herzogliche Stadtvogt von Eckernförde erhält 19 Tonnen Salz, wohl für die ganze Bevölkerung zur Verteilung. Drei Eckernförder werden namentlich als beteiligte Seeräuber genannt.
Die Stadt baut eine Burg am Wasser und begeht damit einen Friedensbruch, für den sie 1420 angeklagt wird. Denn der geltende Waffenstillstand schreibt vor, keine neuen Befestigungen anzulegen.

Die Räuber auf Fehmarn

Schon früh finden sich Berichte über finstere Raubschiffer und grausame Seeräuber auf der schönen Sonneninsel Fehmarn, die kein vorüberfahrendes Schiff verschonen. Um 830 rauben sie den heiligen Ansgar aus, den Missionar des Nordens auf dem Wasserweg nach Schweden; schwimmend kann er sein Leben retten.
Auch Anfang des 15. Jahrhunderts erhalten Seeräuber auf Fehmarn anscheinend Rückendeckung; jedenfalls schicken die leidtragenden Hansestädte eine entsprechende Abmahnung. Beim Eckernförder Pferde- und Salzraub 1421 gehört auch ein Bürgermeistersohn von Fehmarn zu den Piraten.

Kiel und Klaus Störtebeker

Die Hansestädte haben oft widerstreitende wirtschaftliche und politische Interessen. Die im Mittelalter noch recht unbedeutende Stadt Kiel versucht sich durchzulavieren. Halbherzig unterstützt sie die Hanse im Kampf gegen die Piraten und schützt so auch die Handelsschiffe ihrer Kaufleute. Gleichzeitig nimmt sie Rücksicht auf die Adligen im Umland, die selbst Seeraub betreiben und ihr Beutegut auf den Märkten an die Kieler Kaufleute verkaufen. Aus Lübeck kommen wiederholt Klagen; wie Fehmarn kassiert auch Kiel immer wieder Abmahnungen von der Hanse. Am Rand der Kieler Förde liegt damals die Burg Bülk; der Legende nach lebt Klaus Störtebeker hier eine Zeitlang; von einem versteckten Wachtturm aus beobachtet er das Meer und lauert Schiffen auf. Die Anhöhe wird heute noch Störtebeker-Insel genannt.
Später, im 16. Jahrhundert, wird Kiel aus der Hanse ausgeschlossen, weil die Stadt anscheinend weiterhin Piraten hilft.

Die Piraten heute

So lange es beladene Schiffe und Armut gibt, wird es Piraten geben. Heute lauern viele an den Ufern des Indischen Ozeans oder am Horn von Afrika, vor der Küste Somalias, den Frachtschiffen auf.
Zum Schluss soll der weise Dichterfürst Johann Wolfgang von Goethe zu Wort kommen. Im zweiten Teil des „Faust" lässt er Mephisto sprechen:

„Man hat Gewalt, so hat man Recht.
Man fragt ums Was und nicht ums Wie.
Ich müsste keine Schifffahrt kennen:
Krieg, Handel und Piraterie,
dreieinig sind sie, nicht zu trennen."

Das Silber der Schlei

Der Hering, der Aal und die Fischer

Die Fischerei hat auf der Schlei, dem langen Arm der Ostsee, eine uralte Tradition. Schon die Wikinger aßen vor über tausend Jahren viel Hering und anderen Fisch.
Chancengleichheit gab es Jahrhunderte lang allerdings nicht, denn die Schleswiger Fischer genossen weitreichende Privilegien.
Schon seit alter Zeit ist die Schlei reich an Heringen und Aalen. Der Salzgehalt von unter drei Prozent ist ein Mittelwert zwischen Meer und Fluss. Viele Salz- und Süßwasserfische fühlen sich hier im Brackwasser wohl. Heringe und Aale kommen von der salzhaltigen Ostsee in die Schlei und finden hier gut geeignete Laichplätze.

Der Hering – das Silber der Meere

Ein Atlantischer Hering wird bis zu 45 Zentimeter lang und bis zu einem Kilogramm schwer. Zunächst frisst er Algen, später lässt er sich kleine Krebse, Schnecken und Fischlarven schmecken. Oft schwimmen die Heringe in großen Schwärmen im offenen Meer; diese Schwärme nennt man „das Silber der Meere", weil der Körper der Fische silbern glänzt. Zum Laichen kommen diese Schwarmfische gern ins flache Küstengebiet der Schlei. Das Weibchen legt Tausende von Eiern auf dem Meeresboden ab. Ein Hering wird bis zu 20 Jahre alt – falls er nicht zuvor an die Angel, ins Netz oder in einen Heringszaun geht.
In der Ostsee und der Schlei hat der Hering, auch Silberling genannt, eine lange Tradition – als Grundnahrungsmittel und als einträgliche Handelsware, zusammen mit Salz, um ihn zu konservieren. Schon die Wikinger in Haithabu gegenüber von Schleswig schätzen im frühen Mittelalter den Hering, wie ausgegrabene Fischknochen zeigen. Jahrhunderte lang gilt der Hering, weil es ihn fast im Überfluss gibt, als Arme-Leute-Essen.

Der Aal – ein Wander- und Wandelfisch

Ein Aalmännchen wird bis zu 60 Zentimeter lang, ein Weibchen doppelt so lang und bis zu sechs Kilogramm schwer. Im Gegensatz zum Hering ist der schlangenförmige Aal ein Einzelgänger. Wenn man ihn nicht vorher verspeist, kann der Europäische Aal bis zu 50 Jahre alt werden. Der Wanderfisch ist auch ein Wandlungsfisch. Im Atlantik im Sargassosee – nahe den Bahamas – schlüpft er und driftet als Larve mit dem Golfstrom nach Europa. Hier wandelt er sich zum transparenten Glasaal. Später verändert er sich mit der gelblichen Bauchfärbung zum Gelbaal, der am liebsten am Boden in einem Brackgewässer wie der Schlei lebt. Am Ende seines Lebens wandelt er sich zum Silberaal mit einer silbriggrauen Färbung. Nochmals begibt er sich auf eine große, bis zu 5.000 Kilometer lange Wanderung zurück an seinen Geburtsort in den Sargassosee, laicht dort ab und stirbt. In seinem langen Leben sorgt er nur ein einziges Mal für Nachwuchs, im Meer unmittelbar vor seinem Tod.

Die Fischerei auf der Schlei

Im Jahr 1280 wird Schleswig zur Stadt erhoben. Im gleichen Jahr erhält Schleswig ein Recht, das über Jahrhunderte zu Streit führen wird – das alleinige Recht auf freie Fischerei auf der gesamten Schlei.

Die adligen Gutsherren entlang der Schlei, die das Volk die „Schleijunker" nannte, ärgern sich darüber. Sie beharren auf ihrem Recht auf freie Ufernutzung und argumentieren, zum Grundstück gehöre quasi als Gewohnheitsrecht auch das angrenzende Wasser. Die Schleijunker lassen in der Schlei, vor allem in der unteren Schlei zwischen Schleimünde und Arnis, viele Heringszäune errichten und ihre Bediensteten fleißig fischen. Hier gibt es Stellen, an denen die Schlei recht schmal ist; dies sorgt für einen besonders guten Fang. Diese Zäune – zeitweise sind es wohl um die 40 – auf der an vielen Stellen recht engen Schlei ärgern die Seeleute auf den Schiffen sehr, die hier mühsam vorbeinavigieren müssen. Genau 200 Jahre nach der Verleihung des Fischereirechts verbrieft der dänische König Christian I. dieses Recht ausdrücklich, mit dem Schleibrief von 1480, sogar noch „eine Seemeile über Schleimünde hinaus" in die Ostsee. Das soll die Streitigkeiten beenden, doch diese gehen unvermindert weiter.

Die Schleswiger Fischer haben damit ein Monopol bei der so genannten Großen Fischerei – dem Fischen mit Heringszäunen und mit Zugnetzen. Die anderen Menschen in den Dörfern an der Schlei müssen sich mit der Kleinen Fischerei begnügen, sie dürfen nur Aale stechen und mit Stellnetzen, Reusen und Grundangeln fischen. Das lohnt sich nur für den eigenen Verbrauch, taugt aber nicht für einen Haupterwerb. Deshalb spielt an der Schlei außerhalb von Schleswig der Fischfang nur eine Nebenrolle; die Menschen bestreiten ihren Lebensunterhalt meist als Bauern oder als Schiffer und Handelstreibende.

Berichtet wird, dass der dänische König Christian III. in der Mitte des 16. Jahrhunderts die Schlei besichtigt und anordnet, sämtliche Heringszäune abzureißen. Gleich danach verspeist der König bei einem Schleijunker mit Heringszaun, dem Gutsherr von Buckhagen, ein üppiges Mittagsmahl in fröhlicher Runde – und widerruft schließlich seine Anordnung. Die Heringszäune bleiben stehen. Und die oft handgreiflichen Konflikte gehen weiter.

Schließlich wird 1565 ein Kompromiss erreicht zwischen den adligen Gutsherren und der Stadt Schleswig für ihre Fischer: Die Heringszäune dürfen bleiben, in der Mitte der Schlei müssen aber gut 70 Meter als Fahrwasserbreite freibleiben für die Schifffahrt. Weiterhin gibt es Streit, auch unter den Schleijunkern. Im Auftrag des Gottorfer Herzogs erstellt 1641 ein Kartograph den „Schlei-Atlas" mit umfangreichen Karten; dies wird die Grundlage für den „Kapppelner Vergleich".

Der Fischfang in Arnis

Arnis, eine unbewohnte Insel, wird 1667 von 65 Familien aus Kappeln besiedelt. Herzog Christian Albrecht gewährt ihnen als Gründungsprivileg auch Fischereirechte – diese stehen allerdings im Widerspruch zu den älteren Rechten der Schleswiger Fischer. Die Neuankömmlinge verdienen ihren Lebensunterhalt zunächst mit Schifffahrt und Handel. Erst im 19. Jahrhundert nutzen sie ihre Fischereirechte und geraten mit den Schleswigern häufig in Streit.

Der Schleikahn

Die Schlei ist an vielen Stellen sehr flach, die Ufer sind seicht. Der Schleikahn, mit dem die Fischer losfahren, hat deshalb keinen Kiel, sondern einen Plattboden, und er ist offen, hat also kein Deck und keine Kajüte. Der schwere Kahn aus Eichenholz ist fünf bis 14 Meter lang und kann mit seinen Segeln die Kraft des Windes nutzen, doch gegen den Wind ist das Kreuzen schwer. Oft rudern die Fischer lieber.

Der Heringszaun – als Falle und am Verfallen

Im Frühjahr erwärmt sich die Ostsee langsam. Das Plankton wächst – eine bevorzugte Nahrung der Heringe. In großen Schwärmen wandern sie mit der Strömung in die Schlei, fressen sich satt und ziehen weiter zu ihren bevorzugten Laichplätzen im flachen Gewässer der oberen Schlei. Ab dem späten Mittelalter werden sie bereits erwartet. In eine Reihe von angespitzten Holzpfählen im Wasser wird Buschholz und dünnes Stangenholz eingeflochten; so entsteht eine zaunartige Wand, ein Flechtzaun. Der Heringszaun hat die Form eines Trichters mit langen Hauptarmen und mit Nebenarmen, die ein Zurückschwimmern ebenso erschweren wie die

Strömung; die Fische sind in die Falle geschwommen. Am Ende der eng zulaufenden Hauptarme gehen die Heringe in die Reuse, in einen großen Netzsack, den der Fischer ins Boot zieht. Der Bau eines Heringszauns ist aufwändig, das können sich nur die adligen Gutsherren leisten, nicht etwa Fischer oder Bauern.
Im 19. Jahrhundert verlieren die Heringszäune an Bedeutung; 1850 stehen nur noch 20 in der Schlei und auch von diesen sind einige schon am Verfallen. Das Wasser setzt dem Holz zu. Stürme und das Eis im Winter beschädigen den Zaun, der jedes Frühjahr vor dem Kommen der Heringe wieder instandgesetzt werden muss. Kostengünstigere und flexiblere Fangmethoden setzen sich immer mehr durch und sorgen auch dafür, dass die Fischer immer mehr Fanggründe in der Ostsee aufsuchen.

Der Hering und die Wade

Die Zugnetze – Waden genannt – erobern in der Schlei immer mehr den Fischfang. Eine Wade besteht aus zwei etwa 300 Meter langen Zugnetzen, die in der Mitte tiefer werden und in einen 15 bis 20 Meter langen Fangsack münden. Zwei Schleikähne mit zusammen acht Fischern werden dafür gebraucht. Bei einem Fischzug können bis zu 60 Zentner Hering gefangen werden. Auch für den Fang von Aalen und seltener von Brassen arbeiten die Fischer mit den Waden.

Die Stellnetzfischerei mit Bundgarn

Aus Dänemark kommt in der zweiten Hälfte des 19. Jahrhunderts eine neue Fangmethode vor allem in die untere Schlei. Die Großreusen, die Bundgarne genannt werden, gleichen zwar den Heringszäunen, kosten aber deutlich weniger. Die dreiflügeligen Stellnetze werden in der Nähe des Ufers an Pfählen befestigt und laufen auf einen Fangsack zu, eine Art Korb, aus dem die Fische nicht mehr entkommen können. Diese Art von Fischfang fällt nicht unter das Privileg der Großen Fischerei, ist somit allen erlaubt.

Das Aalstechen

Der lange schlangenartige Aal ist schon seit Urzeiten als Speisefisch sehr begehrt, auch in der Schleiregion. Eine Fangmethode gibt es schon seit der Steinzeit: das Aalstechen. Im Winter vergraben sich die Aale gern am flachen Ufer im schlammigen Untergrund. Erfahrene Schleifischer kennen die bevorzugten Stellen. Sie brechen das Eis auf und stechen mit langen Stangen, an denen die Aalstecher befestigt sind, eine Art Dreizack, in den Schlamm. Die Aale werden dabei oft gequetscht und schwer verletzt und sind nicht mehr verkäuflich, werden in den Fischerhäusern verspeist. Der Tierschutz sorgt dafür, dass Deutschland das Aalstechen in den 1950er Jahren verbietet.

Die Fischersiedlung Holm in Schleswig

Um das Jahr 1000 herum gründen Fischer eine kleine Siedlung; alle Häuser stehen nahe am Wasser. Der Holm ist Schleswigs ältester Stadtteil. Auf dänisch bedeutet Holm „kleine Insel"; er ist eine Insel, von der man nur über eine Brücke zum Festland kommt, bis 1933 ein Seitenarm der Schlei trockengelegt wird.
Die Insulaner führen ein Eigenleben und nutzen ihre Fischereiprivilegien. Nur sie dürfen in der Schlei mit den Waden fischen. Schließlich gründen die Fischer 1765 die Holmer Fischerzunft. Diese wächst; um das Jahr 1900 gibt es wohl etwa 100 Vollerwerbsfischer. Der Schleihering erfreut sich großer Beliebtheit, bis in die Türkei. Daneben sind besonders die Aale eine wichtige Einnahmequelle.

Im Dreißigjährigen Krieg bis 1648 und auch noch danach ziehen Soldaten umher und bringen Seuchen mit. Die Pest wütet auch in Schleswig und auf dem Holm unter den verarmten und hungernden Menschen; die vielen Toten werden schnell nachts verscharrt. Als Reaktion auf diese unchristlichen, pietätlosen Begräbnisse gründen Fischer „aus freiem Belieben", ohne Vorgaben der Obrigkeit, 1650 die Totengilde „Holmer Beliebung", eine Art Sterbeversicherung auf Gegenseitigkeit. Die Mitglieder wollen sich bei Kriegen und Seuchen untereinander helfen, wollen auch die Angehörigen eines Verstorbenen unterstützen. In der Mitte des kleinen Viertels liegt der Friedhof mit einer Kapelle, der nur für die Mitglieder zugänglich ist. Die Gilde ist inzwischen die letzte ihrer Art in Deutschland.
Der Tod ist hier mitten im Leben. Die beiden Straßen Süderholm und Norderholm liegen direkt neben dem Friedhof. Vor jedem Stammhaus liegt das zugehörige Familiengrab; wer aus dem Fenster sieht, sieht das Grab der eigenen Vorfahren.
Die Totengilde und die Fischerzunft gestalten auch heute noch das gemeinschaftliche Leben auf dem Holm, in dem heute etwa 300 Menschen leben. Neben Gothmund an der Trave in Lübeck ist er das älteste Fischerviertel Schleswig-Holsteins, das noch in authentischer Weise existiert. Mit den gepflegten schönen kleinen Häusern und den herrlichen Rosenstöcken ist der Holm eine Augenweide. Die Bewohner leiden allerdings unter rücksichtslosen Touristen, die in die Fenster gaffen und ungefragt die privaten Grundstücke betreten. Wer kommt, sollte Respekt mitbringen, denn der Holm ist kein Museum und kein Zoo, sondern das Zuhause vieler Familien.

Der Heringszaun in Kappeln

Der Heringszaun in Kappeln ist etwas Außergewöhnliches – er ist der letzte seiner Art in ganz Europa. Erstmals wird er 1451 urkundlich erwähnt; vermutlich gibt es ihn da schon lange. In Richtung Ostsee gerichtet erwarten seine weiten Arme die schleiaufwärts

schwimmenden Heringe. Seit 1905 ist er der letzte seiner Art in der Schlei. In den Siebzigerjahren ist er marode; der Fang lohnt sich nicht mehr für die Fischer, die ihn gepachtet haben. Der örtliche Verschönerungsverein erreicht, dass die historische Fanganlage unter Denkmalschutz gestellt und auch rekonstruiert wird. Eigentümer ist der Herzog von Schleswig-Holstein-Glücksburg; im Jahr 1977 gibt er den Zaun ab in die Trägerschaft der Stadt Kappeln.
Der Heringszaun in Kappeln besteht ursprünglich aus etwa 2.000 Pfählen aus Eschenholz, die im Schleiboden stecken und von waagrechten Pfählen unterstützt werden. Seine zwei Trichter ergeben zusammen in etwa ein W. Doch der Zahn der Zeit nagt am Zaun. Genauer gesagt: Die so genannte Schiffsbohrmuschel nagt gern an den schon recht vermoderten Pfählen.
Deshalb ist der Zaun nun erneuert worden, zuerst der Trichter zum Ellenberger Ufer hin. Verwendet wird kein Eschenholz mehr, was die Traditionalisten stört, sondern robustes Eukalyptusholz aus Südafrika und Weide aus den Niederlanden. Das Wahrzeichen der Stadt Kappeln und kulturhistorische Denkmal ist nun wieder vorzeigbar.
Seit 1979 veranstaltet die Stadt Kappeln ihre Heringstage, ein Volksfest von Himmelfahrt bis zum folgenden Sonntag. Zum Auftakt stehen der Heringszaun und die Heringswette im Mittelpunkt: Bedeutsame Persönlichkeiten aus dem ganzen Land werden eingeladen und leisten ihren Wetteinsatz zum Erhalt des Zauns. Zwei Fischer holen den mit Heringen gefüllten Netzsack des Heringszauns aus dem Wasser. Wer das tatsächliche Gewicht des Fischfangs am besten schätzt, wird für ein Jahr zur Heringskönigin oder Heringskönig von Kappeln gekürt und darf sich mit einer Königskette schmücken.

Die Schleifischerei heute

In Kappeln wird auch heute noch Hering gefangen. Im Fischereihafen gibt es eine hochmoderne Verlademethode, die Heringspumpe. Kommt der Fischkutter mit seinen gefangenen Heringen

zurück, flutet man seinen Frachtraum mit Seewasser, saugt die Fische heraus und pumpt sie auf eine vollautomatische Sortieranlage. Ja, wer nicht mit der Zeit geht, der geht mit der Zeit ...
Dem Hering und dem Aal geht es schlecht in der Ostsee und in der Schlei. Sie werden zu stark gefischt. Die höhere Wassertemperatur durch den Klimawandel setzt ihnen ebenso zu wie die Überdüngung.
Und der Kormoran, ein prachtvoller schwarzer Wasservogel, ist in immer größerer Zahl an der Schlei zu finden. Die Heringe und Aale hat er zum Fressen gern; zum Leidwesen der Fischer vertilgt er mit gutem Appetit täglich bis zu einem Pfund Fisch.
Seit 2010 gibt es das „Aalutsetten in de Schlie", plattdeutsch für das Aalaussetzen in die Schlei. So soll der Aalbestand wieder steigen. Wer will, kann sich an dieser gemeinnützigen Aktion beteiligen und eine Aalaktie erwerben.
Auf dem Schleswiger Holm gibt es noch einige Vollerwerbsfischer, die mit ihren Booten hinausfahren und sich trotz der verschlechterten Bedingungen keine schönere Arbeit vorstellen können. Ihren Fang verkaufen sie frisch am Hafen.
Wer einen Hering auf den Teller bekommt, darf sich auf einen leckeren Genuss freuen. Viele Varianten der Verarbeitung gibt es – zum Matjes, Bismarckhering, Rollmops, Brathering oder Bückling.

Das Gold der Karibik

Flensburg und sein Rumruhm

Flensburg ist die Hauptstadt Deutschlands – beim Rum, dem Getränk des Nordens. Der Import und das Verarbeiten von Zucker und Rum prägten für 150 Jahre den Handel der Fördestadt und machte sie wohlhabend. Der Rumruhm beruht auf einer aus heutiger Sicht unrühmlichen Kolonialgeschichte. Im Mittelpunkt standen das Zuckerrohr und Sklaven, die sich zu Tode schufteten.

Die Zuckerinsel St. Croix in der Karibik

Bis 1864 gehört Flensburg zum Dänischen Königreich. Im 16. Jahrhundert geht die Erfolgszeit der Hanse zu Ende. Flensburg steigt zu einer der wichtigsten Handelsstädte im skandinavischen Raum auf, bis der Dreißigjährige Krieg – von 1618 bis 1648 – die Erfolgsgeschichte jäh beendet.
Im 18. Jahrhundert beginnt eine neue Erfolgsgeschichte. In der Karibik hat Dänemark eine Kolonie, die Dänisch-Westindien genannt wird und aus den drei Jungferninseln St. Thomas, St. John und St. Croix besteht.
Die Insel St. Croix kaufen die Dänen 1733 den Franzosen ab und fangen im großen Stil an, Plantagen mit Zuckerrohr anzulegen, denn die Insel ist relativ flach und damit gut dafür geeignet. Hauptsiedlung Dänisch-Westindiens wird die Hafenstadt Christiansted auf St. Croix. Zunächst hat der Staat das Handelsmonopol, doch dieses löst der dänische König 1755 auf. Damit die Kolonie besser versorgt werden kann, können nun auch seine Untertanen mit ihr Geschäfte betreiben.
Die dänische Westindienflotte beginnt einen sehr ertragreichen Überseehandel und der große Hafen Flensburgs ist dabei einer der wichtigsten. Einige Flensburger Kaufleute und Reeder wollen etwas vom Kuchen abhaben; sie teilen sich das Risiko und gründen die „Handlungsgesellschaft auf St. Croix in Westindien". Schon 1755 segelt die Neptunus als erstes Handelsschiff in die Karibik, mit vielen Bedarfswaren des täglichen Lebens für die Kolonie im geräu-

migen Schiffsbauch – Salzfleisch, Speck, Butter, Mehl, Nägel, Kleidung und vieles mehr. Schnell beherrschen Familien aus Altona, Kopenhagen und Flensburg den Handel im dänischen Gesamtstaat und werden reich damit. Flensburgs Wirtschaft erlebt im 18. und 19. Jahrhundert eine Blütezeit.

Der Dreieckshandel

Der so genannte Dreieckshandel zwischen Europa, Afrika und Amerika ist ein höchst einträgliches Geschäft für die beteiligten Kaufleute und Reeder. Diese schicken ihre Schiffe mit Gewehren, Branntwein und billigen Textilien nach Guinea an der Küste von Westafrika. Dort nehmen sie versklavte Menschen an Bord und bringen sie nach Amerika; dort müssen die Menschen auf Plantagen arbeiten. Die Schiffe laden die von den Sklaven geernteten oder hergestellten Rohstoffe ein – Zucker, Rum, Baumwolle oder Tabak – und bringen sie zurück nach Europa.
In Dänemark läuft der Sklavenhandel allerdings hauptsächlich von Kopenhagen aus. Die Flensburger Schiffe fahren fast immer direkt in die Karibik, beladen mit Baustoffen wie den begehrten gelben Flensburger Ziegeln und anderen Waren.

Das Zuckerrohr und der Zucker – das weiße Gold

Das Zuckerrohr stammt aus Asien. Araber brachten es in den Mittelmeerraum. 1492 suchte Christoph Kolumbus den Seeweg nach Indien und stieß auf einen unbekannten Erdteil, den er für Westindien hielt und der später Amerika genannt wurde. Schon ein Jahr später brachte er Setzlinge für Zuckerrohr in die Karibik; das tropische Klima ist für das Wachsen dieser Pflanze sehr geeignet.

Der Halm des Zuckerrohrs wächst 15 Monate lang, wird bis zu sechs Meter hoch und fünf Zentimeter dick. Er enthält viel Saft, sein weißes Mark viel Zucker. Nach der Ernte wird der abgeschnittene Halm von den Blättern befreit und in einer Mühle ausgepresst. Dieser Saft wird in große Kupferkessel gefüllt und mehrmals zum Kochen gebracht. Daraus bildet sich eine Masse, die aus Rohzucker und aus der Melasse als Restprodukt besteht; diese muss ablaufen. Die braune Farbe des Zuckers kommt von den noch enthaltenen pflanzlichen Resten. In großen Fässern wird der Rohzucker auf die Schiffe verladen und nach Flensburg gebracht.
Die Flensburger „Handlungsgesellschaft auf St. Croix in Westindien" eröffnet 1762 die erste Zuckerraffinerie, die jedes Jahr 300 Fässer mit insgesamt 225 000 Pfund Rohzucker verarbeitet; der Volksmund nennt sie „Zuckerhof". Schon bald bestehen in der Stadt mehrere solcher Zuckersiedereien.
Erst hier wird der Rohzucker verfeinert und veredelt, in einer körperlich anstrengenden und viel Zeit kostenden Prozedur. Der Zucker wird „raffiniert": Durch mehrfaches Schmelzen und Kochen in großen Kesseln, den „Pfannen", wird er gereinigt und konzentriert. Je häufiger man kocht, desto weißer und reiner wird der Zucker.
Der kostspielige Zucker wird zunächst zum „weißen Gold", zum begehrten Luxusgut der Reichen, während das gemeine Volk weiter mit Honig süßt.

Die Plantagen und die Sklaven

Die Verarbeitung des Zuckerrohrs ist körperlich anstrengend und kostet viel Zeit. Doch die Arbeitskräfte dafür fehlen, ebenso wie anderswo auf den Baumwollplantagen. Die europäischen Kolonialherren holen dafür Sklaven aus Afrika. Aus heutiger Sicht ist es schwer vorstellbar, wie das christliche, vermeintlich zivilisierte Europa damals auf die Idee verfallen kann, wildfremde Menschen zu

überfallen und in Zwangsarbeit zu pressen. Die Sklaverei wird zum vermeintlich alternativlosen Wirtschaftsmodell.
Eine fast unglaubliche Zahl: Wohl über 12,5 Millionen junge Menschen werden zwischen 1519 und 1867 aus Westafrika verschleppt und über den Atlantik nach Amerika gebracht. Viele sterben schon auf der Fahrt – an Krankheiten, bei Aufständen, durch den Freitod. Auf dänischen Schiffen kommen über 100 000 schwarze Afrikaner nach Dänisch-Westindien.
Wegen der extrem schweren Arbeit mit dem Zuckerrohr suchen die Plantagenbetreiber junge kräftige Männer als Arbeitskräfte. Die Sklaven arbeiten jede Woche sechs Tage lang 14 Stunden unter unmenschlichen Bedingungen. Ihre Lebenserwartung ist gering.

Der Rum – das Gold der Karibik

Beim Erzeugen von Zucker entsteht Melasse als Nebenprodukt. Diese dunkelbraune, zähflüssige, eher bitter schmeckende Masse hat etwa 50 Prozent Zuckergehalt, der aber nicht mehr kristallisiert werden kann. Auf zwei Kilogramm fertigen Zucker entfällt etwa ein Kilogramm Melasse, das genügend Zucker hat für eine alkoholische Gärung.
Aus den Zuckerresten stellen die Plantagen nun im Destillierhaus Rum her. Zuerst werden Melasse, Zuckerrohrsaft und Wasser zur Maische zusammengeführt; diese gärt nun bei der Fermentierung. Der Alkoholgehalt liegt bisher bei nur vier bis fünf Prozent. Die Flüssigkeit wird nun destilliert. Bei diesem Brennen wird durch die starke Erhitzung der Alkohol mit seinem niedrigeren Siedepunkt in Dampf verwandelt und so vom Wasser getrennt. Das Destillat hat nun einen Alkoholgehalt von um die 70 Prozent oder auch mehr. Es wird mit Wasser verdünnt und fertig ist der Rum, der mindestens 37,5 Prozent Alkohol enthalten muss; meist sind es um die 40 Prozent.
So gut wie jede Insel in der Karibik hat ihre eigene Rezeptur, ihren eigenen Rum.

Die Sklaven bekommen mehrmals am Tag den billig hergestellten Rum zugeteilt, verdünnt mit Zuckerwasser, auch um sie etwas ruhigzustellen.
Rum, das flüssige „Gold der Karibik", gilt als Getränk des Meeres und der Küste. Für die Seefahrer ist es mit dem Trinkwasser nicht so einfach, es kann verschmutzt und verkeimt sein. Es ist sinnvoll, das Wasser abzukochen. Alkohol desinfiziert auch noch; deshalb ist der Grog an Bord beliebt – ein Heißgetränk aus Rum, Zucker und heißem Wasser, das durchgefrorene Menschen gut aufwärmt.
Früher ist Rum ein Piratengesöff. In der „Schatzinsel", dem Abenteuerroman von Robert Louis Stevenson von 1881, grölt der Pirat Billy Bones von einer „Buddel voll Rum". Die Soldaten der britischen Marine erhalten seit 1655 eine tägliche Rumration; diese Praxis besteht bis 1970 fort. Ähnlich wird es bei den Flensburger Seeleuten gewesen sind, die nach Dänisch-Westindien und wieder zurück segeln.

Der Rum in Flensburg – die Veredelung

Dass aus einem Piratengesöff eine edle Spirituose wird, daran hat Flensburg einen großen Anteil.
Anfangs spielt der Rum in der Fördestadt nur eine kleine Nebenrolle. Doch dann gibt es 1767 eine schlechte Ernte. Die vielen Branntweinhersteller sitzen nun auf dem Trockenen. Die größeren Brennereien tun sich mit den Kaufleuten zusammen und steigen in das Rumgeschäft ein. Der Rum aus der Karibik ist, so wie er ist, für die Europäer mit ihren Gewohnheiten nicht trinkbar. Das Destillat ist unrein und hat noch wenig Aroma. Die Rumspezialisten mischen und verfeinern den Rum.
Dies ist der Auftakt zu einer großen Erfolgsgeschichte. Zur Spitzenzeit am Anfang des 19. Jahrhunderts importiert die Stadt fast eine Million Liter Rum im Jahr. Vom Export geht viel nach Norwegen.
Schon auf der Schiffsreise nach Flensburg und später bei der Lage-

rung im Kellergewölbe beginnt der lange Reifeprozess des Rums – ähnlich wie dies auch beim Whisky und beim Cognac geschieht. Der weiße Rum nimmt im Eichenfass dessen Geschmacksstoffe auf und wird dabei leicht braun. Brauner Rum ist etwas süßer und aromatischer als weißer Rum.
Den veredelten Rum liefern die Flensburger Kaufleute weithin, nach ganz Deutschland wie auch nach Skandinavien. In der Blütezeit kommen 70 Prozent des Rums, der in Deutschland getrunken wird, aus Flensburg.

Ein Bauboom durch die Kolonialwaren

Die Neptunus bringt 1755 von ihrer Jungfernfahrt auf die Jungferinseln eine reiche Fracht mit. Der Handel mit Kolonialwaren aus der Neuen Welt fängt in der Alten Welt an zu blühen: Rum und Rohrzucker, Tee und Kaffee, Tabak, Baumwolle, Edelhölzer. Diese begehrten Luxusgüter verarbeiten und veredeln die Flensburger in ihren Höfen weiter.
Findige und mutige Kaufleute mit großem Unternehmergeist investieren kräftig und errichten „Gesamthandelshäuser" – sie betreiben Import und Export, Veredelung der Rohstoffe, Großhandel und Reederei.
Das Jahr 1806 markiert für Flensburg einen Spitzenwert im Handel mit der Karibik. Eingeführt werden allein in diesem einen Jahr unglaubliche Mengen, darunter gut 2 Millionen Pfund Rohzucker, 231 000 Pfund Tee und fast 124 000 Pfund Kaffee, 192 000 Pfund Tabak, 78 000 Pfund Reis und fast 40 000 Pfund Kupfer.
Zuvor werden Lebensmittel auf dem Markt angeboten. Nun weitet sich das Angebot aus und Kolonialwarenläden werden gegründet. Die Waren aus Übersee sind oft noch teure Luxusartikel für die Wohlhabenden. Doch der Siegeszug der exotischen Heißgetränke wie Kaffee und Tee samt dem Zucker als für die Europäer unverzichtbarem Süßstoff beginnt, bald werden sie erschwinglicher.

Die neuen Kolonialwaren führen zu einem Bauboom in Flensburg. Viele große Lagerstätten, Speicher und Produktionsstätten werden gebraucht – und Wohnraum für die vielen Arbeitskräfte, falls sie nicht aus dem Umland kommen. Die reich gewordenen Kaufleute und Reeder lassen sich repräsentative Wohnhäuser samt schönen Gärten bauen.
An den Kolonialwaren klebt das Blut der Sklaven, doch das ist lange Zeit in Europa fast kein Thema.

Das Ende der Sklaverei

Die Stimmen mehren sich im Laufe der Zeit, die ein Ende der Sklaverei fordern. „Freiheit, Gleichheit, Brüderlichkeit" fordern die Aufständischen 1789 bei der französischen Revolution. Die Bedeutung der Menschenrechte rückt in den Blickpunkt, die Ideen der Aufklärung fangen an zu wirken. Seit 1791 kämpfen Sklaven auf der Karibikinsel Hispaniola um ihre Freiheit, und sie schaffen das Unmögliche: Sie besiegen spanische, englische und französische Truppen und rufen 1804 ihren eigenen Staat Haiti aus.
König Christian VII. verbietet 1792 den dänischen Sklavenhandel ab 1803; Dänemark ist hier die erste Kolonialmacht. Doch die Sklaven schuften weiter auf den Zuckerplantagen. Immer wieder kommt es zu Aufständen. Erst 1848 wird schließlich die Sklaverei ganz abgeschafft.

Die Krisen und der Niedergang

Immer wieder stören Kriege die Geschäfte. Im Krieg von 1807 bis 1814 verhängt England eine Kontinentalsperre gegen Frankreich, an dessen Seite auch Dänemark kämpft; der Handel mit der Karibik bricht zusammen.
Ab 1833 dürfen alle Staaten die Zuckerinsel St. Croix anlaufen; da-

von profitieren die US- Amerikaner als Beinahe-Nachbarn stark. In der Zeit der Industrialisierung sind die Flensburger Zuckersiedereien nicht innovativ genug. Die Rivalen in Kopenhagen arbeiten bald mit dampfbetriebenen Raffinerien, die schneller und kostengünstiger sind. Selbst Flensburger Schiffe bringen ihren Rohzucker dorthin.

Von 1848 bis 1851 kämpfen die Herzogtümer Schleswig und Holstein erfolglos gegen die dänische Herrschaft. Der Seehandel mit Dänisch-Westindien leidet stark – und erholt sich nicht mehr.

Von den USA geht 1857 die erste Weltwirtschaftskrise aus. Einige Flensburger Handelshäuser sind auf dem Finanzmarkt von Banken in Hamburg abhängig und gehen pleite.

Das Jahr 1864 bringt eine Zeitenwende. Dänemark verliert den Krieg gegen Preußen und Österreich. Flensburg gehört ab 1867 zur neuen preußischen Provinz Schleswig-Holstein und muss sich am 1871 gegründeten Deutschen Reich orientieren. Dänemark und die Jungferninseln sind zum Ausland geworden. Die Rumlieferung kommt nun vor allem aus der englischen Kolonie Jamaika nach Flensburg.

Eine gute Nachricht für die heimischen Bauern ist eine schlechte Nachricht für die Zuckerrohrplantagen in Übersee: Die Landwirtschaft hat es geschafft, Rüben mit einem hohen Zuckergehalt zu züchten. Der heimische Rübenzucker erobert nun den Zuckermarkt.

Der Flensburger Rumverschnitt als erfolgreiche Notlösung

Das deutsche Kaiserreich erlässt das Reichsmonopolgesetz, eine Art Wirtschaftsprotektionismus. Die Einfuhrzölle für Spirituosen erhöhen sich ab 1885 exorbitant, damit die Alkoholerzeugung im eigenen Land geschützt wird.

Die Flensburger Rumhäuser sind in Not, doch Not macht erfinderisch. Flensburg erfindet seinen Rumverschnitt, um die hohen Zölle so gut es geht zu umgehen. Aus der Karibik kommt gebrannter Rum im rohen Zustand an die Förde. Eine kleine Menge von fünf Prozent dieses Destillats reicht aus als Basis. Ihren Jamaika-Rum-Verschnitt nennen die Flensburger „Deutschen Rum", „German Flavoured Rum" oder „Pure Rum". Das Geheimnis ist das spezielle Veredeln, das Blending: Die Rumexperten mischen verschiedene Rumsorten und geben den reinen und günstigen heimischen Kornbranntwein dazu. Diese verschnittene Mixtur mit über 80 Prozent Alkoholgehalt setzen sie mit weichem Quellwasser auf Trinkstärke herab. Das negativ klingende Wort Verschnitt führt in die Irre: Der so gewonnene Rum ist ausgesprochen aromatisch, er enthält bis zu vierzigmal mehr Geschmacksstoffe als ein herkömmlich destillierter Rum.

Flensburg erlebt eine neue Blüte und etabliert sich vollends als deutsche Hauptstadt des Rums; zeitweise gibt es über 200 Rumhäuser.

Flensburg und die Spuren seiner Geschichte

Die Jungferninseln in der Karibik samt der auf ihnen lebenden Menschen verkauft Dänemark übrigens 1917 für 25 Millionen Dollar in Gold an die USA.

Um die Jahrtausendwende kommt es zum Niedergang der Flensburger Rumindustrie; es rechnet sich nicht mehr. Aktuell gibt es zwei Rumhäuser – ein altes und ein neues. Das Rumhaus Johannsen besteht seit 1878. Der Destillateur Walter Braasch begann 1998 mit der Rumherstellung.

Heute kann man einen Spaziergang durch die „Rum- und Zuckermeile" machen und sieht noch manche Kaufmannshöfe und Kontorhäuser in der Altstadt.

In den Kellergewölben des ehemaligen Zollpackhauses wurde früher Flensburger Rum gelagert. Inzwischen ist hier das Rummuseum zuhause, als Teil des Schifffahrtsmuseums. Dieses arbeitet auch die düstere Geschichte des Kolonialismus und Sklavenhandels auf. Im Norden spielt der Rum immer noch eine große Rolle. An kalten Wintertagen ist ein Grog eine feine Sache. Beliebt ist Rum als Bestandteil von Cocktails oder als Rumpunsch. Gern getrunken wird auch der Pharisäer, ein Kaffee mit einem guten Schuss braunem Rum. Bei der Toten Tante wird Kakao mit Rum und Sahne gemischt. Die Band Santiano ist mit Seemannsrock berühmt geworden; die Musiker stammen aus Flensburg. In einem Lied singen sie: „Wir brauchen Rum, Rum, Rum, sonst verdursten wir."

Die Wiege der Könige

Glücksburg und der Schwiegervater Europas

Weiß erstrahlt märchenhaft das Wasserschloss Glücksburg an der Ostsee, nahe dem Südufer der Flensburger Förde, von dem aus man Dänemark auf der anderen Seite sehen kann. Das ehrwürdige Gebäude ist von einem schönen See umgeben, in dem es sich mit seinen vier Rundtürmen fotogen spiegelt, Das prächtig gelegene Schloss, neben Gottorf das wichtigste im Norden, ist oft Schauplatz und Kulisse für Hochzeiten – und ein beliebter Drehort für Filme. Die dicken Mauern haben schon viel Geschichte, viele Geschichten erlebt. Hier residierte früher der „Schwiegervater Europas"; er trägt viel Verantwortung dafür, dass in den Königshäusern von Europa gefühlt alle miteinander verwandt sind. Wer sich in die Geschichte Glücksburgs vertieft, taucht tief ein in die Welt des Hochadels und damit auch in die Welt der Königshäuser.

Europäischer Hochadel im Haus Oldenburg

Aus der norddeutschen Provinz ist eines der bedeutendsten Adelsgeschlechter in Europa hervorgegangen: das Haus Oldenburg. Der Aufstieg des Grafengeschlechts in den europäischen Hochadel findet im Jahr 1448 seinen Höhepunkt: Graf Christian wird zum dänischen König gewählt, 1457 auch noch zum König von Schweden und Norwegen. Die Linie verzweigt sich in viele Nebenlinien. Ein Zweig ist die Linie Schleswig-Holstein-Sonderburg-Glücksburg, einfacher gesagt: das Haus Glücksburg.

Der Glücksburger Stammvater – „Gott gebe Glück im Frieden"

Seit Anfang des 13. Jahrhunderts steht der Stelle des heutigen Schlossteichs ein Kloster; Zisterziensermönche haben es erbaut. Nach der Reformation geben sie es im 16. Jahrhundert auf; es be-

ginnt zu verfallen. Herzog Johann der Jüngere von Schleswig-Holstein-Sonderburg, Bruder von König Frederik II. von Dänemark, erbt 1582 den Besitz und beschließt, seine Hauptresidenz von Sonderburg hierher zu verlegen. Mit ihm als Stammvater beginnt die stolze Geschichte von Glücksburg.
Er lässt das Kloster abreißen und stattdessen ein Wasserschloss im Renaissancestil errichten. Viele Baustoffe des Klosters werden für den neuen Bau recycelt, der 1587 fertig wird. Sein Domizil nennt Johann Glücksburg, nach seinem Wahlspruch „Gott gebe Glück im Frieden". Rund um das Schloss entsteht eine kleine Siedlung, die ebenfalls Glücksburg genannt wird und viel später, im Jahr 1900, das Stadtrecht verliehen bekommt. Seither ist Glücksburg die nördlichste Stadt Deutschlands. Seit 2016 sind die Ortsschilder zweisprachig, steht auch der dänische Name Lyksborg darauf. Nachdem Johann im Jahr 1622 stirbt, wird sein recht kleines Herzogtum entsprechend seines Testaments auf die fünf Söhne aufgeteilt. Herzog Philipp erbt Glücksburg und begründet die ältere Sonderburg-Glücksburg-Linie. Im Jahr 1779 stirbt Herzog Friedrich Heinrich Wilhelm; seine Ehe mit Anna Caroline von Nassau-Saarbrücken ist kinderlos geblieben. Mit seinem Tod erlischt das ältere Glücksburger Herzogshaus.

Die jüngere Linie der Glücksburger Herzöge

Die verwitwete Herzogin Anna Caroline lebt im Glücksburger Schloss bis zu ihrem Tod 1824. König Friedrich VI. ernennt nun seinen Schwager Herzog Friedrich Wilhelm von Schleswig-Holstein-Sonderburg-Beck zum Herzog von Glücksburg. Dieser zieht 1825 nach Glücksburg und ändert seinen Titel in Herzog von Schleswig-Holstein-Sonderburg-Glücksburg. Mit ihm startet 1825 die jüngere Linie der Glücksburger Herzöge. Als er 1831 stirbt, wird sein ältester Sohn Carl neuer Herzog.
Im Jahr 1848 erheben sich die Schleswiger und Holsteiner gegen

Dänemark, das 1851 diesen Krieg gewinnt. Die Glücksburger stehen auf der Seite der deutschen Verlierer. Herzog Carl fällt in Ungnade, wird eine Zeitlang des Landes verwiesen und muss auch nach seiner Begnadigung auf das Schloss Glücksburg verzichten; der dänische König Friedrich VII. nutzt es gern als Sommerresidenz und damit auch zeitweise als Regierungssitz.

Ein Glücksburger wird dänischer König

Das Haus Glücksburg ist zu diesem Zeitpunkt recht unbedeutend, aber das wird sich bald ändern durch den 1818 geborenen Sohn Christian, der nun mit seinen neun Geschwistern in Glücksburg aufwächst. Nach dem Tod des Vater 1831 wird der König zusammen mit einem Freund des Vaters Vormund der Kinder. Christian will Offizier werden und wird in Dänemark an der Militärakademie ausgebildet. 1842 heiratet er Louise von Hessen, die Nichte des dänischen Königs.
Der dänische König Friedrich VII. bleibt kinderlos. Der Hauptlinie des Hauses Oldenburg droht das Aussterben, die Thronfolge ist zu regeln. Die Glücksburger gehören zu den Kriegsverlierern von 1851 und haben damit schlechte Karten. Umso erstaunlicher ist es, dass ein Glücksburger König von Dänemark werden wird. Dafür braucht er eine gehörige Portion Glück und mächtige Unterstützer.
Christian von Holstein-Sonderburg-Glücksburg wird vor allem dank seiner Ehefrau 1852 als Nachfolger nominiert und zum Prinzen von Dänemark ernannt. Bei einem Aufenthalt auf Glücksburg stirbt der König überraschend. Christian IX. besteigt 1863 den dänischen Königsthron; seither stammen alle Herrscher Dänemarks aus der Glücksburger Linie. In voller Länge lautet sein offizieller Titel: „König von Dänemark, der Wenden und der Goten, Herzog von Schleswig, Holstein, Stormarn, Dithmarschen, Lauenburg und Oldenburg".

Schon im folgenden Jahr bricht der nächste deutsch-dänische Krieg aus. Dänemark verliert gegen Preußen und Österreich. Mit dem Herzogtum Schleswig kommt auch Glücksburg zu Preußen und gehört ab 1871 zum neu gebildeten Deutschen Reich. Der preußische König ist auch Landesherr der neuen Provinz Schleswig-Holstein; er gibt 1871 dem Glücksburger Herzog das Glücksburger Schloss zurück.

Der Schwiegervater von Europa

Der junge Dänenkönig Christian IX. setzt nach dem verlorenen Krieg erfolgreich auf Neutralität und Frieden. Und dabei helfen ihm seine sechs Kinder – sie heiraten alle in andere europäische Königshäuser ein. Bei all den Adligen und ihren Titeln kann man dabei leicht den Überblick verlieren.
Tochter Alexandra gibt dem späteren englischen König Eduard VII. das Ja-Wort. Sohn Wilhelm wird als Georg I. König von Griechenland und ehelicht die Enkelin eines russischen Zaren. Seine Nachfahrin, die griechische Königstochter Sophia, wird einst den späteren spanischen König Juan Carlos heiraten; seither geht auch das spanische Königshaus auf die Glücksburger Linie zurück.
Tochter Dagmar vermählt sich unter dem Namen Maria Fjodorowna mit dem späteren russischen Zaren Alexander III. Der älteste Sohn Frederik heiratet die schwedische Königstochter Prinzessin Louise.
Sohn Waldemar ehelicht Marie Prinzessin von Orléans. Tochter Thyra heiratet Herzog Ernst August von Cumberland und Braunschweig, den Sohn des letzten Königs von Hannover; deren Sohn Prinz Ernst August von Braunschweig ehelicht Victoria Luise, die einzige Tochter des deutschen Kaisers Wilhelm II.
Norwegen erklärt 1905 seine Unabhängigkeit von Schweden. Den Thron besteigt ein Enkel von Christian IX., der Glücksburger Prinz

Carl als Haakon VII.; seither kommen alle norwegischen Könige aus der Linie des Hauses Glücksburg.
Das Haus Glücksburg erhöht noch auf einer anderen familiären Ebene seine Verbindung mit dem deutschen Kaiserreich. Herzog Friedrich Ferdinand, ein Neffe von Christian, vermählt sich 1885 mit Prinzessin Caroline Mathilde, der Schwägerin des späteren deutschen Kaisers, Wilhelm II., der ihre Schwester Auguste Viktoria geheiratet hat. Das Kaiserpaar weilt oft zu Besuch auf Glücksburg.
Der weit verzweigte Glücksburger Stammbaum ist sehr komplex, aber auch sehr imposant. Viele Königsfamilien in Europa sind verwandt mit dem Haus Glücksburg.

König Charles hat Glücksburger Wurzeln

Seit dem 8. September ist Charles III. „König des Vereinigten Königreichs Großbritannien und Nordirland, Oberhaupt des Commonwealth, Verteidiger des Glaubens“; angeredet wird er mit „Your Majesty“. Sein Amtsantritt hat das Haus Glücksburg nochmals aufgewertet. Denn die britische Königsfamilie hat gleich doppelt Glücksburger Wurzeln. Der „Schwiegervater Europas“, Christian IX., taucht bei Charles III. sowohl in der väterlichen als auch der mütterlichen Ahnenreihe auf. Christian war der Urgroßvater seines Vaters, Prinz Philip, und der Ururgroßvater seiner Mutter, Königin Elisabeth II.
Prinz Philip entstammte der griechischen Königsfamilie, war ein Enkel des griechischen Königs Georg I.; Christian war dessen Vater. Der Urgroßvater von Königin Elisabeth II. war König Eduard VII.; Christian war dessen Schwiegervater.
Bis 1917 hieß das Königshaus Sachsen-Coburg und Gotha. Doch im Ersten Weltkrieg wurde die antideutsche Stimmung in der Bevölkerung immer stärker; schließlich verwischte König Georg V. die deutsche Vergangenheit seines Adelsgeschlechts und änderte den Familiennamen in Windsor, benannt nach dem Schloss in der kleinen gleichnamigen Stadt Windsor.

Philips Mutter war Prinzessin Alice von Battenberg. Vor seiner Heirat 1947 mit der Thronfolgerin legte er seinen Familiennamen von Schleswig-Holstein-Sonderburg-Glücksburg ab und nannte sich Mountbatten wie sein Onkel von der britischen Linie der Familie, der im Krieg 1917 seinen deutschen Namen ins Englische übersetzte. Natürlich weilte der studierte Historiker Charles – noch als Prinz – schon auf Glücksburg; er interessiert sich für die Geschichte seiner Familie.

Frederik X. – König Dänemarks, der Färöer und Grönlands

Als Margrethe 1940 als ein neues Mitglied im Haus Glücksburg auf die Welt kommt, ist Dänemark von deutschen Soldaten besetzt. Erst als auch eine weibliche Thronfolge zugelassen wird, ist ihr Weg auf den Thron frei. Nach 52 Jahren dankt sie Anfang 2024 als dienstälteste Monarchin der Welt ab – so etwas hat es seit Einführung der Erbmonarchie 1660 noch nie gegeben. Ihren Sohn Frederik hat man als vermeintlich ewigen Thronfolger mit Prinz Charles verglichen; er ist 1968 geboren und hat Staatswissenschaften studiert. Als Frederik X. besteigt er den Thron und wird zum König Dänemarks, der Färöer und Grönlands proklamiert. Verheiratet ist er mit Mary, die in Australien geboren wurde. Den Prinzen lernte sie im Jahr 2000 bei den Olympischen Spielen in Sydney kennen und lieben; die beiden haben vier Kinder. Neuer Thronfolger ist der 2005 geborene Kronprinz Christian.
Dänemark ist die älteste Monarchie Europas – Könige gibt es schon seit dem 10. Jahrhundert.

Harald V. – König von Norwegen

Auch der 1937 geborene Harald V. gehört zum Haus Glücksburg. Seit 1991 ist er König von Norwegen. Aufgrund der vielen innerfamiliären Heiraten ist Harald gleich der dreifache Ururenkel von Christian IX.; er kommt nur auf zehn Urgroßeltern und nicht auf 16 wie eigentlich üblich.
1968 heiratet er Sonja Haraldsen, nachdem er neun Jahre auf die Zustimmung seines Vaters gewartet hat – denn Sonja ist eine Bürgerliche und keine Adlige. Kronprinz Haakon ist zwar jünger als seine Schwester Märtha Louise, wird aber dennoch König werden, weil zum Zeitpunkt seiner Geburt Söhne Vorrang vor Töchtern haben. Im Jahr 2001 heiratet Haakon Mette-Marit, die wie seine Mutter aus bürgerlichen Verhältnissen stammt und einen Sohn in die Ehe mitbringt; das Paar hat noch zwei gemeinsame Kinder.

Das Ende der Monarchie

Kurz vor dem Ende des Ersten Weltkriegs gibt es in Deutschland revolutionäre Unruhen, die von Kiel ausgehen und schließlich zum Ende der Monarchie führen. Die erste deutsche Demokratie bringt für den Adel einen gravierenden Einschnitt: Die Weimarer Reichsverfassung schafft 1919 alle Standesvorrechte ab. Rechtlich gibt es seither keine Adligen mehr, sie sind zu bürgerlichen Menschen degradiert worden wie alle übrigen Normalsterblichen. Die Adelstitel und auch das „von" dürfen noch Teil des bürgerlichen Nachnamens sein, während bei Adligen der Titel vor dem Vornamen steht, wie bei Prinz William. Die Adelsgeschlechter können fast immer all ihre Besitztümer behalten – ihre Schlösser, ihre Ländereien, ihre Wälder.
Die Damen und Herren von und zu sorgen für viele Arbeitsplätze – bei der Boulevardpresse, denn viele begeistert der Klatsch und Tratsch aus dem Privatleben der Hochwohlgeborenen. Diese blei-

ben ansonsten am liebsten eher unter sich und heiraten am liebsten standesgemäß.
Zehn parlamentarische Monarchien mit Königlichen Hoheiten bestehen noch in Europa: Belgien, Dänemark, Liechtenstein, Luxemburg, Monaco, die Niederlande, Norwegen, Schweden, Spanien und das Vereinigte Königreich.

Das Haus Glücksburg heute

Die Herzogslinie Schleswig-Holstein-Sonderburg-Glücksburg ist die einzige, die es in Schleswig-Holstein noch gibt. Auf dem Heiratsmarkt des Hochadels spielt das Haus Glücksburg mit seinen verwandtschaftlichen Beziehungen in viele europäische Fürstenfamilien eine herausgehobene Rolle.
Schlossherr von Glücksburg war jahrzehntelang Prinz Christoph zu Schleswig-Holstein, bis zu seinem Tod 2023. Mit seiner Frau Prinzessin Elisabeth von Lippe-Weissenfeld hatte er vier Kinder: Prinzessin Sophie, Prinz Friedrich Ferdinand, Prinz Konstantin und Prinz Leopold. Nach der Tradition hat der älteste Sohn Friedrich Ferdinand die Nachfolge von Prinz Christoph angetreten.
Auch Prinz Christoph konnte mit imposanten verwandtschaftlichen Beziehungen aufwarten. Er war ein Cousin der dänischen Königin. Und Auguste Viktoria, die letzte deutsche Kaiserin, war seine Urgroßtante.

Das Schloss Glücksburg heute

Um das Schloss Glücksburg dauerhaft als Kulturgut für die Öffentlichkeit zu erhalten, hat die Familie es schon 1922 in eine Stiftung eingebracht, in der sie den Vorstand stellt; Vorsitzender war seit 1980 Prinz Christoph und ist nun Prinz Friedrich Ferdinand. Das Haus dient als Museum und als Veranstaltungsort. Heute gibt es

hier vielfältige Möglichkeiten, um zu heiraten: standesamtlich im Trauzimmer, kirchlich in der Schlosskapelle, feiern im Schloss und im Schlosspark. Zuvor wäre schon der stilvolle Heiratsantrag im Turmzimmer möglich, samt Sekt und Miniherztorte.
Die Familie bewohnt nicht das Schloss, sondern das Gut Grünholz bei Damp mit aktuell über 1.200 Hektar Land; die Herzogsfamilie hatte es im 19. Jahrhundert erworben.
Der Schlosspark wurde ursprünglich nach französischer Art angelegt und später zum englischen Garten umgestaltet. Mitten im Park liegt die klassizistische Orangerie.

Schloss Louisenlund – Lernen und Segeln

An der Schlei, dem weit ins Land reichenden Arm der Ostsee, liegt das klassizistische Schloss Louisenlund, das von 1772 bis 1776 erbaut wurde. Dieses Herrenhaus, Mittelpunkt eines Adelsguts, nutzten Landgraf Carl von Hessen, Gottorfer Statthalter des Königreichs Dänemark, und seine Frau Louise, Tochter des dänischen Königs Friedrich V. als Sommersitz; nach Louise wurde Louisenlund benannt. Später ging das Schloss auf das Haus Glücksburg über, in dessen Eigentum es sich seither befindet. Seit 1949 ist hier ein Internat der von der Familie gegründeten Stiftung Louisenlund beheimatet, das inzwischen zu den größten in Deutschland gehört. Wer seinen Sprössling hier im Gymnasium lernen und leben lassen will, muss gut bei Kasse sein, um das Schulgeld zu stemmen, selbst bei einem Teilstipendium. Zum Konzept gehört auch eine fundierte Segelausbildung.
Auch das Gut Bienebek ist herrlich an der Schlei gelegen; im 19. Jahrhundert erwarb es das Haus Glücksburg.

Kate und William in Glücksburg?

Das Adelsgeschlecht der Glücksburger stellt weiterhin die Könige von Dänemark und Norwegen und auch von England, hat also gleich drei gekrönte Häupter aufzuweisen.
Eigentlich wäre es Zeit für ein Verwandtschaftstreffen aller Königshäuser mit Wurzeln im Haus Glücksburg, natürlich im Schloss Glücksburg. Freuen würde es die Einheimischen und die Klatschpresse wohl besonders, würden die modernen Könige und Thronfolger kommen, Frederik X. und Mary, Haakon und Mette-Marit, William und Kate mit ihren Kindern. Die große Welt des Hochadels würde die Beschaulichkeit Glücksburgs für kurze Zeit durchbrechen.

Haremskonfekt und Aphrodisiakum

Die Marzipanstadt Lübeck

Wie wäre es mit einem kleinen Marzipanbrot? Oder lieber als Praline? Umhüllt mit Zartbitter- oder Vollmilchschokolade? Gefüllt mit schwarzen und weißen Schokoladenstückchen? Oder mit gesalzenen Cashewnüssen? Oder mit Kirschstücken und süßem Amaretto? In der Weihnachtszeit vielleicht mit Spekulatius, als Zimtsterne, Dominosteine oder gebrannte Mandeln?
Lübeck ist die Marzipanstadt. Hier bleiben keine Wünsche offen.

Ein Schatz aus dem Morgenland

Eine Lübecker Legende berichtet, dass die Stadt 1407 belagert wird. Eine schlimme Hungersnot grassiert. Die Kornspeicher sind leer. Da werden in einem alten Speicher irgendwo in der Ecke einige Säcke mit Mandeln und Zucker entdeckt – das einzig Essbare, das es noch gibt. Darauf ordnet der Senat der Stadt an, dass die Bäcker ein ungewöhnliches Brot backen – ein Mandelbrot, das Marzipan. Diese Leckerei wäre also in einer Zeit größten Mangels erfunden worden – eine schöne Geschichte. Allerdings haben Mandeln und Zucker in dieser Zeit einen hohen Preis, dafür hätte man viel Brot bekommen können.
„Erfunden" wird das süße Naschwerk anderswo, aller Wahrscheinlichkeit nach schon vor weit über tausend Jahren im Vorderen Orient. Persien, der heutige Iran, gilt als Ursprungsland von Marzipan. Hier wachsen die Mandelbäume, hierher kommt der Zucker aus Indien; damit hat man die Grundzutaten beisammen. Hier wird auch aus Rosenblüten ätherisches Rosenwasser destilliert, das für bestimmte Marzipansorten zum Einsatz kommt. An den Königshöfen und in den Herrscherhäusern bei den Kalifen ist das Konfekt schnell beliebt und begehrt.

Was der Name Marzipan bedeutet

Ungeklärt ist, woher der Name Marzipan kommt; Deutungsversuche gibt es viele. Im Orient sei auf das Marzipan immer das Abbild des herrschenden Königs geprägt worden, heißt es. Später heißen byzantinische geprägte Münzen Mauthaban, das heißt „sitzender König"; wird daraus Marzipan? Erinnert die Rohmasse ursprünglich an einen Brotteig, auf Spanisch „masa de pan"?
Oder kommt das Wort Marzipan von „Marci Panis", dem Brot des Markus, des Schutzheiligen Venedigs? Venedig ist eine heiße Spur, wenn auch nicht mit dem Markusbrot: Die Hafenstadt und Handelsstadt ist ein wichtiger Umschlagsplatz für Erzeugnisse aus dem Orient. Von dort kommen Süßigkeiten und kandierte Früchte. Die Schachtel, in der sie geliefert werden, heißt Matzapan; schon bald ist für den süßen Inhalt der Name „Mazapan" gängig. Das ist die wahrscheinlichste Deutung des Namens Marzipan.

Der Weg nach Europa

In Zeiten ohne Internet braucht es manchmal lange, bis eine Entdeckung ihren globalen Siegeszug antritt. Vermutlich bringen Araber den Zucker und das Marzipan nach Spanien, und von dort breitet es sich in ganz Europa aus; noch heute ist das „Mazapàn de Toledo" weltweit bekannt. Beteiligt sind die Kaufleute in Venedig, die auf das Marzipan stoßen und es weiterverbreiten. Eine Rolle spielen wohl auch die Kreuzritter. Sie hören im Orient von Marzipan und kosten davon. So kommt das Wissen um Marzipan und seine sagenumwobene Erzeugung ins Abendland nach Europa und tritt hier in den besseren Kreisen seinen Siegeszug an.
Der Schriftsteller Giovanni Boccaccio schreibt um das Jahr 1350 den „Decamerone", den italienischen Klassiker der Weltliteratur. Hier hält Ferondo sein Weib „für das honigsüßeste, köstlicher als Marzipan".

Das Heilmittel

Berühmt wird Marzipan zuerst nicht als Süßigkeit, sondern als Medizin. Schon um das Jahr 900 taucht es in der arabischen Welt in medizinischen Schriften auf. Gepriesen wird seine verdauungsfördernde Wirkung: Es hilft dem Magen und dem Darm, heißt es, hilft gegen Verstopfungen und Blähungen. Das kalorienreiche Wunderzeug gilt als Kraftmittel, das den Körper und das Gehirn stärkt, später auch als Herzmittel. Und es steigert angeblich die Potenz, gilt als Aphrodisiakum und wird zum Viagra des Mittelalters.
Später verbreitet sich das Marzipan in Europa. Von „Martzapaen" ist in Lübeck erstmals im Jahr 1530 in einer Zunftordnung die Rede; diese regelt auch, dass der Handel von Konfekten mit Marzipan den Apotheken vorbehalten ist.

Süßer Naschkram für die Reichen

Der Zucker aus Indien erreicht Europa erst nach einer langen und gefährlichen Schifffahrt. Nach der so genannten Entdeckung von Amerika kommt nun der Zucker von den neuen Kolonien in großen Mengen als Rohstoff nach Europa, in den gewaltigen Bäuchen der Hansekoggen auch nach Lübeck; er ist preiswerter als zuvor, aber immer noch recht teuer. Der süßen Verführung des Zuckers verfallen die Menschen, die einmal auf den Geschmack gekommen sind, schnell. Zunächst arbeiten nur die Apotheker auch noch als Zuckerbäcker, da sie das Handelsmonopol mit dieser Kolonialware haben. Leisten können sich die begehrte Delikatesse als Luxusgut nur die Adligen und die Reichen. Die Zuckerbäcker brauchen viel Zeit und Kraft für das Herstellen der Leckereien. Schon bald schaffen sie, vor allem in der zur Verschwendung neigenden Barockzeit, aus Marzipan richtige Kunstwerke für die weltlichen und geistlichen Herrscher und Würdenträger – Wappen, Schlösser und Türme als Tischschmuck, Rosen und Schwäne für die Hochzeiten, ein Sarg auf der Torte nach der Beerdigung. Das Volk dagegen hungert. Der Höhepunkt der aufwendig dekorierten Dekadenz ist erreicht, wenn Marzipan mit echtem Blattgold überzogen als edles Geschenk eingesetzt wird. Das gilt dann doch mancherorts als übertriebener Luxus: Die Stadt Venedig verbietet 1514 das Vergolden von Marzipan. Der Wert des außergewöhnlichen Konfekts zeigt sich an einer außergewöhnlichen Episode: Im Dreißigjährigen Krieg verlangt Tilly, der General von Wallenstein, 80 Pfund Marzipan von den neutralen Sachsen als Tribut.

Die Familie Niederegger

Im Jahr 1774 fällt in Lübeck endlich das Monopol der Apotheker. Nun dürfen auch Zuckerbäcker Marzipan herstellen.
Die spätere Berühmtheit ihres Marzipans verdankt Lübeck Johann Georg Niederegger. Weniger bekannt ist: Dieser berühmte Sohn der Stadt ist ein Schwabe. In Ulm kommt er 1777 zur Welt und absolviert im benachbarten Langenau eine Lehre zum Zuckerbäcker. Kriege sorgen für unruhige Zeiten. Niederegger verlässt seine Heimatstadt, kommt 1800 nach Lübeck und arbeitet als Geselle in der Zuckerbäckerei von Johann Gerhard Maret, die auch Marzipan herstellt. Maret stirbt und hinterlässt einen minderjährigen Sohn. Niederegger pachtet zum 1. März 1806 den Betrieb; die ruhmreiche Geschichte nimmt ihren Anfang. Er eröffnet eine Marzipan-Manufaktur, möglicherweise als erster Zuckerbäcker im deutschsprachigen Raum. Im gleichen Jahr gründet in Reval, dem heutigen Tallinn in Estland, ein Schweizer ebenfalls eine solche Firma. Wer die Nase vorn hat, lässt sich nicht mehr genau klären, zumal beide Städte zur Hanse gehören und viele Geschäftsleute untereinander im Kontakt stehen.
Niederegger experimentiert mit dem Mischungsverhältnis von Mandeln und Zucker und stellt fest, dass ein hoher Mandelanteil den Geschmack der Süßware deutlich verbessert. Und er verwendet eine Zutat, die bis heute geheim ist. Die Rezeptur für das Mar-

zipan, die er erfindet, verwendet die Firma Niederegger auch heute noch. Die Zeiten sind schlecht. Auch in Lübeck ist 1806 der Krieg angekommen, die Soldaten von Napoleon schlagen die Preußen und plündern die Stadt.
Das Pachtverhältnis läuft 1822 aus, weil Marets Sohn die Räume übernimmt. Gegenüber dem Rathaus eröffnet Niederegger in der Breiten Straße eine Marzipan-Manufaktur. In der Stadt genießt er hohes Ansehen. Auf der Kundenliste stehen auch der russische Zar und der deutsche Kaiserhof. Seine Frau Anna und er haben zwei Töchter. Der Schwiegersohn Karl Georg Barth führt den Betrieb nach dem Tod von Niederegger weiter.

Das Haremskonfekt macht Karriere

Nach 1822 eröffnen im Laufe der Jahrzehnte immer mehr Marzipan-Manufakturen. Damit wird Lübeck zur Stadt des Marzipans, das von hier als Exportschlager seinen Siegeszug in die Welt startet.
Zu Beginn des 19. Jahrhunderts schafft es die Landwirtschaft, Runkelrüben zu züchten, aus denen sich Zucker sieden lässt. Dieser Zucker aus der nun so genannten Zuckerrübe kostet deutlich weniger. Damit fallen die Marzipanpreise und nun gönnt sich auch das Volk einmal diesen heißbegehrten Süßkram. Davon profitiert Lübeck stark, denn im Hinterland der Hafenstadt am Rand von Schleswig-Holstein, im ländlichen Mecklenburg-Vorpommern, gibt es reichlich Zuckerrüben.Zum Aufschwung trägt auch bei, dass Kaffeehäuser im 19. Jahrhundert immer beliebter werden und unter anderem Marzipantorten anbieten. Und dass die Stadt Lübeck im Jahr 1866 den Zunftzwang aufhebt; nun herrscht Gewerbefreiheit.
Im Lauf der Zeit werden die Marzipanbäcker auf der Altstadtinsel immer kreativer und künstlerischer. In der Weihnachtszeit stehen in Lübeck Abbildungen der Heiligen Familie – aus Marzipan. Zu Neujahr gibt es Glücksschweine, zu Ostern Hasen.
Der aus Lübeck stammende Schriftsteller Thomas Mann, der für

seinen Lübeck-Roman „Buddenbrooks“ 1929 den Literaturnobelpreis bekommt, schätzt das Marzipan, bezeichnet es dennoch als „üppige Magenbelastung“. Zur Herkunft mutmaßt er, „dass man ein Haremskonfekt vor sich hat“.

Das Betriebsgeheimnis

Das Gesetz macht für Marzipan klare Vorgaben: Die Rohmasse darf nicht mehr als 35 Prozent Zucker enthalten und nicht mehr als 17 Prozent Feuchtigkeit. Die verbleibenden mindestens 48 Prozent der Rohmasse sind Mandeln; das Mandelöl sorgt für das Aroma. Mandeln und Zucker sind die zwei Hauptzutaten. Die Rohmasse muss mindestens die Hälfte des fertigen Marzipans ausmachen. Die meisten Hersteller kneten noch weiteren Zucker hinein, meist Puderzucker. Marzipan kann rechnerisch bis zu 67,5 Prozent aus Zucker bestehen. Statt Zucker kann teilweise Glukosesirup verwendet werden, das verlängert die Haltbarkeit.

Von den Mandeln wird nicht das Fruchtfleisch verwendet, sondern nur der Keimling im Inneren des harten Kerns. Die Mandeln werden mit heißem Wasser überbrüht, durch Schälen von der ihrer Haut befreit und gemahlen. Dann wird Zucker hinzugefügt; dessen Kristalle nehmen das Mandelöl auf und binden es. In der Marzipanrohmasse stecken in etwa zwei Teile Mandeln und ein Teil Zucker. Sie wird nun leicht geröstet, um den Wasseranteil zu senken. Zur Abrundung des Geschmacks kann Rosenwasser zugesetzt werden. Oft kommt Schokolade zum Einsatz, gelegentlich Alkohol.

Jeder Hersteller von Marzipan, auch Niederegger in Lübeck, hat sein Betriebsgeheimnis. In welchem Verhältnis werden Mandeln und Zucker gemischt? Kommen auch Bittermandeln zum Einsatz? Welcher Zucker wird verwendet? Welche Zusatzstoffe werden verwendet? Marzipan ist nicht gleich Marzipan. Das Erfolgsgeheimnis von Niederegger soll eine Zutat sein, die dem Rosenwasser ähnlich ist; die genaue Rezeptur ist in einem Safe gesichert.

Qualität durch viele Mandeln und wenig Zucker

Die Lübecker Zuckerbäcker verwenden gemahlene Süßmandeln und Zucker und überziehen ihr Marzipan mit Schokolade. Dazu gibt es je nach Rezeptur der Manufaktur noch weitere Zutaten.
Als Faustformel kann gelten: Je mehr Mandeln und je weniger Zucker enthalten sind, desto höher ist die Qualität des Marzipans.
Die Produktbezeichnung „Lübecker Marzipan" hat sich die Hansestadt Lübeck offiziell schützen lassen. Das muss in Lübeck oder in den Nachbarorten Bad Schwartau und Stockelsdorf hergestellt worden sein. Zu mindestens 70 Prozent besteht es aus Marzipanrohmasse und zu höchstens 30 Prozent aus Zuckerzusatz; auf diese Qualitätsstandards haben sich die Hersteller verständigt und verpflichtet. Beim „Lübecker Edelmarzipan" besteht das Verhältnis sogar aus 90 zu 10 Prozent. Niederegger, der Marzipanpionier, setzt als Premiummarke allein auf die Marzipanrohmasse – mit einem Mandelanteil von 57 Prozent – und setzt keinen weiteren Zucker zu.

Die Konkurrenz in Königsberg

Von Lübeck findet das Marzipan bald den Weg nach Königsberg in Ostpreußen. Und schon bald wird das Königsberger Marzipan weltberühmt. Die Herstellung und die Zutaten sind anders als beim Lübecker Marzipan. Die Zuckerbäcker fügen den Süßmandeln und dem Zucker noch einen kleinen Anteil Bittermandeln dazu und ein paar Tropfen Rosenwasser aus Persien. Das Marzipan wird leicht geröstet, geflämmt, dies macht die Oberfläche, die nicht in Schokolade gehüllt wird, braungelb und knusprig. Klassischerweise wird es mit kandierten Früchten belegt. Es schmeckt kräftiger und nicht so süß wie die Konkurrenzprodukte aus Lübeck.
1945 hört das alte Königsberg auf zu existieren, es wird zum russischen Kaliningrad; manche vertriebenen Zuckerbäcker lassen sich in Deutschland nieder. Seither bezeichnet Königsberger Mar-

zipan keinen Herkunftsort mehr, sondern die Gattung; selbst Niederegger in Lübeck hat es inzwischen in seine Produktpalette aufgenommen.

Die Verwandten – Persipan, Nougat und Grünes Marzipan

Marzipan ist immer noch eine recht teure Süßware. Bäckereien verwenden als preiswerten Ersatzstoff manchmal Persipan, das meist Aprikosen- oder Pfirsichkerne statt der Mandeln enthält. Persipan schmeckt ähnlich, eher etwas kräftiger als Marzipan; der Name bedeutet „Pfirsichbrot". Meist dient es als Füllung in gebackenen Erzeugnissen, auch bei den Dominosteinen findet es Verwendung.
Nougat ist auch ein Verwandter des Marzipans. Zum Einsatz kommen hier geröstete Nüsse – vor allem Haselnüsse – und keine Mandeln.
Beim Grünen Marzipan werden Pistazien als besondere Zutat eingesetzt, es heißt deshalb auch Pistazienmarzipan. Eine Mozartkugel enthält Grünes Marzipan sowie Nougat und Schokolade.

Ein gesunder Snack oder eine Zuckerbombe?

Ist Marzipan gesund oder nicht? Das kommt entscheidend auf dessen Qualität an. Wer einen recht gesunden Snack will, sollte hochwertiges Marzipan kaufen. Bei der handelsüblichen Süßigkeit wird viel Zucker zugesetzt, beispielsweise bei Niederegger bleibt es dagegen beim Zuckeranteil, der in der Rohmasse steckt.
Mandeln sind ausgesprochen gesund. Sie enthalten Eiweiß, Ballaststoffe und gesunde Fette mit vielen ungesättigten Fettsäuren; diese schützen vor Ablagerungen in den Arterien. Das Vitamin E stärkt Zellen, Nerven und das Immunsystem. Auch viele weitere Vitamine und Mineralstoffe, Spurenelemente und Enzyme sind in

diesem Superfood drin. Mandeln helfen mit, Erkrankungen des Herz-Kreislaufsystems zu verhindern. Veganer greifen zu Mandelmilch statt zu Kuhmilch.
Die Vorweihnachtszeit empfinden viele Menschen als sehr anstrengend. Manchen mag hier hochwertiges Marzipan guttun – in Maßen, in kleinen Maßen, denn Marzipan ist reich an Kalorien.

Marzipan und Lübeck – Exportschlager und Wahrzeichen

Welche Mitbringsel kauft wohl jemand, der in Lübeck Urlaub macht? Ein essbares Holstentor oder ein anderes Kunstwerk aus Marzipan reist in unzähligen Koffern in die weite Welt – zum Verschenken oder als eigene süße Erinnerung an die Hansestadt. Marzipan ist der Exportschlager Lübecks.
Wer nicht mit der Zeit geht, geht mit der Zeit. In Lübeck findet man inzwischen auch schon Bio-Marzipan, hier stammen alle Zutaten aus kontrolliertem biologischem Anbau.
Zu einem Lübeck-Besuch gehört für viele der Gang ins Café Niederegger im Stammhaus der Traditionsfirma seit 1806, das sich selbstbewusst „Lübecks heimliches Wahrzeichen" nennt. Viele gönnen sich die mit einer üppigen Schicht Marzipan belegte „Lübecker Nusstorte", die auf Johann Georg Niederegger zurückgeht.
Von September bis Weihnachten wird das meiste Marzipan verkauft. Weihnachten ohne diese süße Delikatesse – das wäre für viele unvorstellbar. Marzipan isst man nicht wie Schokolade einfach so in größeren Mengen. Das Konfekt, das einst die Haremsfrauen im Orient genossen, ist etwas Außergewöhnliches geblieben.

Das Heilwasser und die Aristokraten

Die Seebäder und der Tourismus

Freiwillig ins Meer gehen? Nie im Leben! Das Wasser ist unheimlich und gefährlich. Der Teufel schickt schlimme Stürme und am Meeresgrunde lauern furchtbare Ungeheuer; das zeigt auch gelegentlich ein angeschwemmter riesiger Wal. Schwimmen können ohnehin die wenigsten, obwohl die meisten Menschen an der Küste ihren Lebensunterhalt mit dem Fischfang verdienen. Unter ihnen geht der Glaube um: Wer vom Boot ins Wasser fällt, ist verloren und muss untergehen, auch die Schwimmer – die verlängern ihr Leiden nur noch.

So denken die Menschen das viele Jahrhunderte. Wer sich Urlaub leisten kann, fährt vielleicht in die Berge, aber keinesfalls ans bedrohliche Meer mit seinem schlechten Ruf. Kultivierte Menschen gehen nicht baden ...

Wenige Ausnahmen gibt es. Zu ihnen zählt der exzentrische Dichter Friedrich Gottlieb Klopstock aus Hamburg, den das Meer begeistert. Im Sommer 1776 besucht er Autorenfreunde in Kiel; gemeinsam baden sie nackt in der Förde, beim Plantschen und Spritzen zitieren sie auch noch lautstark Verse von Homer. Das Geschehen bleibt nicht unbemerkt, sorgt für einen kleinen Skandal.

Ärzte raten zum Baden

Mediziner finden heraus, dass Seeklima und Meerwasser dem Körper des Menschen guttun. Die Menschen, die an den Meeresküsten leben, sind im Schnitt gesünder als die Menschen im Binnenland. Das salzreiche Wasser belebt und hilft, so heißt es, gegen Erkältungen und tut sowohl der Haut gut als auch bei überreizten Nerven. Englische Adlige gehen ab 1751 ins Meer, weil ihre Hofärzte es ihnen wegen der Heilkraft des Salzwassers raten. Brighton macht den Anfang und entwickelt sich schnell zum beliebten Kurort.

Das erste deutsche Seebad

Einen ersten Vorstoß macht der lutherische Pastor Gerhard Otto Christoph Janus auf der Insel Juist. Dort sollte ein Seebad eingerichtet werden, schreibt er 1783 an den preußischen König. Vermutlich denkt Janus nicht nur an die Gesundheit, sondern auch an die Menschen auf Juist, die zumeist vom Fischfang leben und eine weitere Arbeitsmöglichkeit gut brauchen könnten. Doch der Pastor erhält keine Antwort auf seinen Vorstoß. Später bringt der Philosoph und Physiker Georg Christoph Lichtenberg die Debatte entscheidend voran, er veröffentlicht 1793 einen Aufsatz mit dem Titel: „Warum hat Deutschland noch kein großes öffentliches Seebad?" Christoph Wilhelm Hufeland, der Leibarzt des preußischen Königs und damals wichtigster deutscher Mediziner, steht hinter ihm. Lichtenberg schlägt ein Seebad in Cuxhaven vor, doch das gelingt noch nicht.

Das erste deutsche Seebad entsteht 1793 an der Ostseeküste in Doberan auf dem Heiligen Damm, dem späteren Seebad Heiligendamm; die herzogliche Gründung ist beschränkt auf einen kleinen adligen Kreis von Besuchern. Vier Jahre später entsteht auf der ostfriesischen Insel Norderney das erste Badehaus an der Nordsee. Das nächste Bad wird 1802 in Travemünde eröffnet – das erste im heutigen Schleswig-Holstein.

Die bessere Gesellschaft bleibt unter sich

Ein Kuraufenthalt am Meer wird in der ersten Hälfte des 19. Jahrhunderts immer beliebter. Doch er ist ausgesprochen kostspielig, das kommt nur für die Adligen und die Reichen in Frage, die unter sich bleiben. Sie kommen nicht nur zum Baden – viele gehen überhaupt nicht ins Wasser. Sie kommen zum Sehen und Gesehenwerden, zum Promenieren, zum Ausschauhalten nach angemessenen Partien für die Töchter. Gehobenes Essen, Kurkonzerte oder Pferderennen gehören unbedingt dazu.

Vornehme Blässe statt Sonnenbad

Die vornehme Blässe ist Kennzeichen der gehobenen Gesellschaft, die nicht körperlich im Freien arbeitet – anders als die braungebrannten, viele Stunden schuftenden Bauern und Fischer. Ein Strandbesuch läuft damals grundlegend anders ab als heute. Oberste Priorität hat, sich vor der Sonne zu schützen – durch Kleidung, Hut und Sonnenschirm.
Wer ins Wasser geht, hält sich meist an die Faustregel aus England: „Three dips and out" – dreimal Eintauchen und dann schnell wieder heraus. Schwimmen können ohnehin die wenigsten. Viele halten nur ihre Füße ins Meerwasser.

Sitte und Moral

Angesichts der herrschenden strengen Sitte und Moral dürfen Frauen und Männer nur getrennt voneinander baden und mit ausreichendem Sichtschutz. Der Körper muss verhüllt bleiben, auch wenn die Ärzte zum Nacktbaden raten – das wäre am wirksamsten. Damen- und Herrenstrand liegen möglichst entfernt voneinander. Die Einhaltung der Regeln wird streng kontrolliert. Wer als „Kieker" von einem versteckten Ort hinter einer Düne heimlich die Badenden beobachtet, wird bei einer Entdeckung hart bestraft.

Vom Aalkasten zum Badekarren

Jeder Gast badet allein für sich; ein Badearzt beaufsichtigt das Ganze.

An den Badestellen sind im flachen Wasser kleine Badeschiffe verankert. Wer baden will, wird in einen Gitterkasten aus Holz oder Weide gesteckt und langsam zwei-, dreimal kurz ins Meer getaucht. Man kann nicht gesehen werden und kann nicht ertrinken. Hier kommt es auch zum Nacktbaden. Bei stürmischem Wetter klappt das aber nicht so gut. Die Käfige, von den Einheimischen spöttisch Aalkästen genannt, sind eng, für die gut Beleibten zu eng. Eine eigene sportliche Betätigung im Wasser ist fast ausgeschlossen. Freude macht diese Form des Badens wohl kaum.
Kaum ist man wieder zurück im Schiff, reiben die wartenden Angestellten mit großen Tüchern die Tapferen trocken.
Bald setzt sich der Badekarren durch, den die Engländer erfunden haben. Ein Reiter zieht mit seinem Pferd ein kleines Häuschen als komfortable Umkleidekabine auf Rädern einige Meter ins Meer hinaus. Wer baden will, zieht sich im Karren aus und steigt eine kleine Treppe zum Wasser hinunter. Ein Segeltuch bietet einen Sichtschutz. Manche Damen in langen Kleidern halten auch nur ihre Füße ins Wasser.

Romantik, Sehnsucht, Rückkehr zur Natur

Schon in der Mitte des 18. Jahrhunderts fordert der Philosoph Jean Jaques Rousseau die Rückkehr zur Natur, zu einer natürlichen Lebensweise.
Der Meerestourismus gewinnt immer mehr an Fahrt. Am Meer zu sein ist „in". Dieser Trend verstärkt sich noch durch romantische Dichter und Maler. Caspar David Friedrich ist von Rügen begeistert, 1818 entsteht sein wohl bekanntestes Gemälde: „Kreidefelsen auf Rügen".
Schon damals weckt das Meer Sehnsüchte und Melancholie, das Kommen und Gehen der Wellen wird ein Sinnbild für das bewegte eigene Leben.

Mühsame Anreise und Ankunft

Die Sehnsucht nach dem Meer muss groß sein, denn die verwöhnte bessere Gesellschaft nimmt viel Mühe auf sich.
Die Anreise per Postkutsche dauert Tage, die Wege sind holperig. Wer auf eine Insel will, braucht für die letzte Etappe noch ein Boot – und muss beim Ausbooten an Land getragen werden, damit die edle Kleidung keinen Schaden nimmt. Angemessene Unterkünfte gibt es anfangs nicht für die noblen Besucher, die sich weit unter ihrem gewohnten Standard beherbergen und verköstigen lassen müssen.

Travemünde – das erste bürgerliche Seebad an der Ostsee

Unmittelbar an der Mündung der Trave in die Lübecker Bucht liegt Travemünde. Seit 1329 gehört es zum großen, stolzen Stadtstaat Lübeck. Der Zugang zur Ostsee ist für die berühmte Hanse- und Handelsstadt wichtig. Darauf beschränkt sich auch über Jahrhunderte die Aufgabe von Travemünde: Jeden Tag laufen viele Schiffe hier ein und wieder aus, auf dem Weg nach Lübeck. Eine kleine Festung sichert die Hafeneinfahrt militärisch. Das beschauliche Örtchen lebt hauptsächlich vom Fischfang und von der Schifffahrt. Den Anfang zum Tourismus macht ein Travemünder, als er 1799 erste Badekarren an den Strand stellt. Die reichen Bürger von Lübeck haben schon länger ein Auge auf den malerisch gelegenen Ort geworfen – sie brauchen einen angemessenen Platz für ihre Sommerresidenzen. Aus dem Fischerdorf wird 1802 ein Seebad. Ein Seebad braucht nicht nur eine Infrastruktur für das Baden im Meer, es muss auch ein Kurort sein, in dem sich die Menschen vielfältig erholen können. Hier schreibt Travemünde Geschichte – als erstes bürgerliches Seebad an der Ostseeküste prägt es diese neue Kultur des gehobenen Tourismus und wird Vorbild für andere Orte.

Viele, die kommen, suchen ihre Erholung hauptsächlich in der gehobenen Geselligkeit vor einer grandiosen Naturkulisse. Das Baden im Meer steht nicht im Vordergrund. In Travemünde können beispielsweise 1828 nur 34 Besucher gleichzeitig baden, unter anderem schon seit 1802 im Warmbadehaus; mehr Plätze gibt es nicht. Doch es gibt 300 Plätze im großen Speisesaal und 300 Betten in der Seebadeanstalt.
Schon im Jahr 1803 kommen insgesamt 3.000 Gäste. Der richtig große Aufschwung setzt durch den technischen Fortschritt ein, als Dampfschiffe ab 1824 den Hafen anlaufen. Bald bringen sie regelmäßig Gäste aus Kopenhagen, Sankt Petersburg, Riga und Reval in die Stadt – Travemünde wird zum internationalen Treffpunkt. Viele wohlhabende Russen kommen, auch angelockt vom Spielcasino im Kurhaus. Dort rollt seit 1833 die Roulettekugel; nach dem Verbot des Glücksspiels muss das Casino ab 1873 schließen und öffnet erst 1949 wieder.
Auch aus dem deutschen Binnenland reisen immer mehr wohlhabende Bürger an, darunter viele Hamburger. Am Sonntag kommen viele Tagesausflügler aus Lübeck, aus Holstein, aus Mecklenburg. Die Segelwettbewerbe der Travemünder Woche locken seit 1889 besonders viele Menschen an.
Immer mehr Hotels und Gasthäuser werden gebaut. Die Badeplätze reichen nicht mehr aus. Nach dem Rückschlag durch die schwere Sturmflut 1872 geht es bald wieder aufwärts, 1879 wird eine Seebadeanstalt auf Pfählen in das offene Meer gebaut. Nun können endlich viele Menschen gleichzeitig ins Meer steigen, wobei Männer und Frauen immer noch getrennt bleiben müssen, es geht hier offiziell gesittet zu. Ab 1882 fährt die erste Eisenbahn nach Travemünde und bringt viele Gäste mit; bald beginnt auch der Siegeszug der Automobile. Eine befestigte Promenade ermöglicht ab 1899 das Promenieren entlang des Strands. Ein Familienbad erlaubt es 1903 endlich, das Badevergnügen gemeinsam zu erleben. Und ab 1927 darf man offiziell frei am Strand baden; inoffiziell machen das viele schon längst.

Ein unbeschwertes, fröhliches Leben am Meer ist nur schwer möglich; der gehobene konservative Geist liebt so etwas nicht. Franz Kafka notiert 1914 in seinem Tagebuch, er sei nachmittags beim Gehen im Sand durch seine nackten Füße als unanständig aufgefallen. Viele Berühmtheiten kommen zum Travemünder Strand, darunter die deutschen Schriftsteller Joseph Freiherr von Eichendorff, Emanuel Geibel und Thomas Mann, sowie ihre russischen Kollegen Nikolai Gogol, Fjodor Dostojewski und Iwan Turgenjew. Unter den Gästen weilen auch Clara Schumann, Richard Wagner und Edvard Munch, der das sommerliche Leben auf die Leinwand bannt.
Thomas Mann wächst in Lübeck auf und darf seine Sommerferien in seinem selbsternannten „Kindheitsparadies" in Travemünde verbringen. In seinem Werk „Die Buddenbrooks", das ihm den Nobelpreis einbringt, schildert er ausführlich die Sommerfrische der gut betuchten Lübecker Bürger.

Ein Seebad nach dem andern

Travemünde hat den Anfang gemacht in Schleswig-Holstein, andere folgen.
In Haffkrug an der Lübecker Bucht stehen ab 1813 die ersten Badekarren an einem eingezäunten Abschnitt des Strandes; das Seebad wird 1830 gegründet.
In Kiel entsteht 1822 am Düsternbrooker Ufer eine Seebadeanstalt. Das Logier- und das Wirtshaus daneben werden als Stätten der Vergnügungen für viele Kieler bedeutsamer als das Baden im Meer; hier werden viele Feste und Bälle gefeiert.
In Borby wird 1831 ein Badehaus mit zwei Kammern gebaut, die Gäste baden in Wannen mit aufgewärmtem Meerwasser. 1832 folgt ein Badefloß für die Männer, 1833 eines für die Frauen; nun kann man erstmals direkt in der Ostsee baden – streng abgeschirmt natürlich. Ab diesem Jahr darf sich Borby Seebad nennen. Ein zweites Badehaus folgt 1835; die Seebadeanstalt nennt sich Marien-Loui-

sen-Bad, nach der dänischen Königin Marie und ihrer Schwester Louise, die häufig anreisen. Aus Anlass der Kieler Woche kommt meist Kaiser Wilhelm II. samt Gemahlin. Mit dem verlorenen Krieg und dem Ende des Kaiserreichs 1918 endet auch die stolze Zeit des Seebades abrupt. Die Zeiten haben sich geändert, der Trend geht zum Familienbad, zum freien Baden im Meer. Die Nachbarstadt Eckernförde mit ihren langen Stränden läuft Borby den Rang ab, wird 1922 zum Seebad; 1934 wird Borby eingemeindet.
In Glücksburg an der Flensburger Förde besuchen schon ab 1809 Ausflugsgäste eine Sommerwirtschaft. Eine Gruppe von Ärzten und Geschäftsleuten aus Flensburg und Glücksburg gründet 1872 ein elegantes Seebad mit Kurhaus und Kurzentrum; bald entsteht ein nobles Strandhotel. Stündlich gibt es Dampferfahrten zu Zielen an der Förde; am Sonntag sind die Plätze im Kaffeegarten des Kurhauses hochbegehrt.
Am Timmendorfer Strand gründet sich 1880, in Dahme an der Lübecker Bucht 1881 ein Seebad.
Erst kurz nach der Wende zum 20. Jahrhundert darf eine Familie gemeinsam das Meer genießen – die ersten Familienbäder entstehen.

Ein Seebad als außergewöhnlicher Kurort

Damals wie heute ist ein Seebad eine spezielle, außergewöhnliche Unterkategorie eines Kurorts. Das Land Schleswig-Holstein verleiht diesen Prädikatstitel, wenn eine Reihe von Voraussetzungen erfüllt sind. Der Ort muss natürlich an der Meeresküste liegen, das Ortszentrum soll nicht mehr als zwei Kilometer vom gepflegten und überwachten Badestrand entfernt sein, eine strandnahe Promenade muss auch vorhanden sein. Die klimatischen Eigenschaften und die Luftqualität müssen für den Kurbetrieb geeignet sein.

Auch die Menschen aus der Stadt kommen

Der Aufenthalt am Meer erreicht immer weitere Kreise der Bevölkerung. Viele Menschen in der Stadt leiden unter der aufkommenden Industrialisierung und wollen sich am Meer erholen, vor allem an den Wochenenden, denn es gibt noch kein generelles Recht auf Urlaub. Durch die besseren Verkehrswege kommt man vor allem schnell in die Seebäder an der Ostsee, die einen großen Aufschwung nehmen.

Die Wohlhabenden, unter ihnen auch Künstler und Prominente, lassen sich gern eine prunkvolle Villa ans Wasser bauen. Vor allem auf den Inseln Rügen und Usedom werden kleine Fischerdörfer zu extravaganten Seebädern und es bildet sich die Seebäderarchitektur heraus. Dort gibt es noch heute eine Bäderkultur.

Die Lebensrettungsgesellschaft

An einem sonnigen Sonntagabend im Juli 1912 promenieren Hunderte von Menschen auf der Seebrücke in Binz auf der Insel Rügen. Der Dampfer „Kronprinz Wilhelm“ legt an. Während die Menschen aus- und einsteigen, stürzt plötzlich die Anlegestelle in sich zusammen. Fast 80 Menschen stürzen ins Wasser und kämpfen verzweifelt um ihr Überleben. Schwimmen kann kaum jemand, auch nicht von den hilflosen Augenzeugen auf der Brücke. Es gibt 16 Tote, darunter einige Kinder.

Dieses Drama sorgt dafür, dass sich 1913 die Deutsche Lebens-Rettungs-Gesellschaft gründet, die DLRG. In den Jahrzehnten ihres Bestehens retten ihre vielen ehrenamtlichen Helfer unzählige Menschenleben vor dem Ertrinken.

Die Badekultur gestern und heute

Würden die Menschen, die vor 200 Jahren am Meer gelebt haben, als Zeitreisende im Sommer an einen Badestrand kommen – sie würden sich verwundert die Augen reiben und wären wohl hellauf entsetzt. So viel nackte, braune Haut! So eine knappe, nur das Allernötigste verhüllende Bademode! So ein lautes Geschrei und Gekreische! So viele Menschen eng beieinander, Männer und Frauen bunt gemischt! Jede Zeit hat ihr Gutes. Heute lauert bei viel Sonne auch die Gefahr von Hautkrebs. Sonst ist jenseits von unnötig hemmenden Konventionen ein unbeschwertes Sommervergnügen am Meer möglich. Und das tut gut.

Das Gold des Meeres

Der Bernstein – die Tränen der Sonnentöchter

Bernstein hat die Menschen von Anbeginn an fasziniert. Schon die betörend leuchtende Farbpalette: von goldgelb über ocker bis zu tiefbraun changierend – „bernsteinfarben" eben. Dieser sehr leichte, durchscheinende Stein, der von innen zu funkeln scheint, ist so ganz anders als all die anderen. Er besitzt magnetische Kräfte, ist brennbar und leicht zu bearbeiten. Schon früh hat Bernstein die Phantasie angeregt: Ist es ein Zauberstein? Ein Heilstein?
Der Name Bernstein kommt vom mittelalterlichen „bernen" oder „börnen", wie auch das englische „to burn". Schon ein Streichholz reicht, und der Stein brennt; dann hat er eine helle Flamme und duftet stark aromatisch, wird deshalb auch als Ersatz für Weihrauch eingesetzt. Aus „bernen" wird in der deutschen Sprache irgendwann „brennen".
Die Vielfalt des Steines zeigt auch die Vielfalt seiner Namen. Die Griechen nennen ihn „elektron", denn er lässt sich durch Reibung elektrisch aufladen, wenn er glatt und trocken ist. Bei den Römern ist er „succinum", der Saft, bei den Germanen „glesum" – das Glas.

Die goldenen Tränen der Sonnentöchter

Natürlich haben die Götter ihre Hand im Spiel, wenn solch ein magischer Stein entsteht.
Euripides, ein großer griechischer Dichter und Denker, erzählt im fünften Jahrhundert vor Christus davon, schon vor ihm auch Homer in seiner Odyssee und später auch Ovid. Sonnengott Helios fährt mit seinem Sonnenwagen über den Himmel und bringt Licht und Wärme zu den Menschen, Tieren und Pflanzen. Seinem Sohn Phaeton verbietet er streng das Fahren – er kennt ihn wohl gut genug. Doch eines Tages setzt Phaeton sich über das Verbot hinweg. Mit Hilfe seiner Schwestern, der Heliaden, spannt er den Sonnenwagen an und jagt mit ihm in den Himmel hinaus. Leider ist er ein Draufgänger oder ein miserabler Fahrer: Er verliert die Kontrolle, die Pferde gehen durch, der Wagen gerät aus der Bahn und streift

die Erde, diese beginnt zu brennen. Die Menschen rufen in ihrer Not den Göttervater Zeus an. Dieser lässt Phaeton in den Fluss Eridanos werfen, dort ertrinkt er. Die mitschuldigen Sonnentöchter, die Heliaden, verwandelt Zeus in Pappeln; sie müssen nun am Rande eines Baches stehen. Über ihr Schicksal und das ihres Bruders weinen sie bittere goldene Tränen; diese fallen in den Bach und erstarren zu Bernstein.

Der fossile Kiefernsaft

Die alten Griechen haben recht: Ja, Bernstein kommt von den Bäumen. Allerdings nicht von Pappeln, sondern von Nadelhölzern, vor allem von Kiefern. Der so genannte Bernsteinwald bedeckt vor 55 Millionen ganz Nordeuropa, sein Mittelpunkt liegt wohl im heutigen südlichen Schweden. Wissenschaftler nennen ihn Fennoscandia; in diesem Namen stecken Finnland und Skandinavien drin. Zu dieser Zeit beginnt das Eozän, ein geologisches Unterzeitalter des Tertiärs, benannt nach der griechischen Göttin der Morgenröte Eos, und dauert 20 Millionen Jahre. Im tropischen bis subtropischen Mischwald wächst der „Bernsteinbaum" – die pinus succinifera, die Bernsteinkiefer, die inzwischen längst ausgestorben ist.

Wenn die Rinde eines Baumes verletzt wird, tritt Harz aus der Wunde aus, als Schutz – so wie bei einem Menschen bei einer Hautverletzung Blut fließt. Bei der verletzten Kiefer tritt vor Millionen von Jahren das Harz als klebriger Baumsaft aus und schließt die Wunden. Diese Kiefer hat im Vergleich zu anderen Bäumen besonders viel Saft, harzt besonders stark. An der Luft trocknet das Harz schnell und härtet aus. Im Laufe der Jahrmillionen wird das Harz im Waldboden fester und fester, härter und härter, wird schließlich zum Fossil, das wie eine Versteinerung aussieht.

Bernstein besteht zu etwa drei Vierteln aus Kohlenstoff sowie aus Wasserstoff und Sauerstoff, manchmal etwas Schwefel; dazu kön-

nen noch Spuren von Mineralien kommen wie Nickel oder Kupfer.
Viele Käfer, Fliegen, Heuschrecken, Libellen, Bienen, Spinnen, Würmer, Schnecken und andere kleine Waldlebewesen lockt die goldgelbe, lecker aussehende Farbe des Harzes an. Sie setzen sich auf ihn – und sind ihm auf den Leim gegangen, kleben fest, sitzen in der Falle und können sich nicht mehr befreien, finden hier ihren Tod und ihr Grab. Heute, Millionen von Jahren später, finden sie sich noch immer im Bernstein als hervorragend konservierte Einschlüsse, als „Inklusen". Auch Spuren ihres Todeskampfes lassen sich noch erkennen. Größere Tiere können sich befreien, hinterlassen heute noch sichtbare Spuren im Bernstein, als Hautteile von Reptilien oder Federn von Vögeln. Auch Teile von Flechten, Moosen und Pilzen sind im Harz erhalten, ebenso wie Teile von anderen Bäumen wie Eichen, Eiben, Zypressen oder Palmen.
Diese Einschlüsse erlauben eine biologische Rückschau auf uralte Zeiten, auf längst ausgestorbene Tier- und Pflanzenarten, zur Freude von Forschern und Wissenschaftlern. Und zur Freude von Interessierten, die sich eine Sammlung von Inklusen ansehen, beispielsweise im Deutschen Bernsteinmuseum in Ribnitz-Damgarten in Mecklenburg-Vorpommern.

Wie der Bernstein in die Ostsee kommt

Drei Eiszeiten nacheinander gibt es. Wobei: Nacheinander ist relativ im Zeitfenster der Weltgeschichte. Die erste beginnt vor etwa 600.000 Jahren; die dritte endet vor etwa 12.000 Jahren. Die Gletscher entstehen in Skandinavien. Unter dem Druck ihres Eigengewichtes schieben sie sich in Richtung Süden und führen dabei Erde und Gestein, auch Bernstein, mit sich. Der Gletscher der dritten Eiszeit umfasst auch noch das östliche Schleswig-Holstein und bildet die Landschaft um, lässt Hügel und Seen entstehen. Nach den Eiszeiten steigt der Meeresspiegel, das Schmelzwasser fließt in die

Nordsee und in die Ostsee. Dabei nimmt das Wasser den feinen Sand und den leichten Bernstein mit und lagert ihn wieder ab, als die Strömung nachlässt – im und am Meer. Am meisten vom so genannten Baltischen Bernstein findet sich in der südöstlichen Ostsee – im Baltikum. In Mecklenburg-Vorpommern liegt das „Gold des Meeres" auch noch häufiger am Strand als an der schleswig-holsteinischen Küste. Auch in anderen Teilen Europas findet sich Bernstein; manche Vorkommen sind deutlich älter als die in und an der Ostsee, beispielsweise in England oder in den Schweizer Alpen.
Aus Litauen stammt eine legendäre Erklärung, wie es der Bernstein in die Ostsee schafft. Die Meeresgöttin Jurate residiert auf dem Meeresgrund in einem Schloss aus Bernstein und verliebt sich in den Fischer Kastytis. Der Donnergott Perkunas wird wütend über diese unziemliche Beziehung; er zerstört mit einem Blitz das Schloss, tötet den Fischer und sperrt Jurate in den Kerker auf dem Meeresgrund. Dort sitzt sie heute noch und weint bittere Tränen, die sich in Bernstein verwandeln und nun irgendwo am Ufer landen, wie auch Stückchen für Stückchen des zerstörten Bernsteinschlosses.

Der Mensch und der Bernstein

Seit der Altsteinzeit sind die Menschen in der Lage, Geräte und Waffen aus Steinen herzustellen. Dabei fällt ihr Blick auch auf den Bernstein, diesen Exoten unter den Steinen. Schon vor 30.000 Jahren wird Bernstein durchbohrt – mit einem Knochen oder mit hartem Holz – und wohl als Kette am Körper getragen. Vielleicht einfach als wunderschöner Schmuck der Frauen, der ihnen später oft auch mit ins Grab gegeben wird. Vielleicht als Glücksbringer, als Talisman, ein Jagdzauber für die Männer.
Geschickte Handwerker bearbeiten und polieren den Bernstein mit hochwertigen Werkzeugen aus Geweihen, Tierfellen, Feuer- oder Sandstein.

„Das Gold des Meeres“ oder „das Gold des Nordens“ wird Bernstein schon früh genannt; vermutlich ist Bernstein im Altertum so viel wert wie Gold. Er steht für Luxus und Macht. Eine steile Karriere für einen „Stein“, der kein Edelstein ist, sondern ein pflanzliches Produkt, das aus Bäumen ausgeblutet ist.
Händler bringen den Bernstein von der Ostsee nach Süden bis in die Mittelmeerländer; die verschiedenen Handelswege des Altertums werden auch als Bernsteinstraße bezeichnet. Bei Griechen und Römern erfreut sich der Bernstein schnell großer Beliebtheit als Tauschmittel, als Luxusgut, für Gravuren und Verzierungen. Die reichen Frauen schätzen den wundersamen Schmuck und färben ihr Haar bernsteinfarben. Die Menschen trinken bei ihren Gelagen, auch am kaiserlichen Hof, aus Bernsteingefäßen.
Im frühen Mittelalter nutzen die handwerklich geschickten und kunstfertigen Wikinger den Bernstein. Sie fertigen schöne Ketten mit eingefügten Glasperlen, basteln Spielbrettfiguren oder Würfel; einige Funde aus dieser Zeit lassen sich heute in Haithabu nahe der Stadt Schleswig besichtigen.
Später wittern manche Landesherren ein Geschäft und verpflichten ihre Untertanen, sämtlichen Bernstein abzuliefern, bei Androhung der Todesstrafe. Auch die früheren dänischen Herrscher gehören dazu. Als 1867 Schleswig-Holstein preußisch wird, ergibt ein Gutachten, dass an den hiesigen Küsten keine nennenswerten Vorkommen von Bernstein vorhanden seien. Seit 1869 dürfen glückliche Finder ihren Bernstein mit reinem Gewissen behalten.

Fürs Beten und fürs Dekorieren

Um die Wende vom ersten zum zweiten Jahrtausend hat das Christentum sich weit verbreitet, hat fast in ganz Europa Fuß gefasst. Die Christen beten ihr „Vaterunser“ und ihr „Ave Maria“ und lassen dabei ihren Rosenkranz durch die Finger gleiten. Diese Gebetsschnüre sind Perlenketten, für die immer häufiger auch Bernstein

verwendet wird. Für die großen Mengen reicht die bisherige Handarbeit nicht mehr aus; nun kommen Drehbänke zum Einsatz, die Bernsteindreher stellen mit ihnen die Bernsteinperlen her.
Reiche europäische Fürsten finden im 17. und 18. Jahrhundert Gefallen am Bernstein, für sich selbst und als wertiges Geschenk für andere. An ihren Höfen lassen sich Handwerker und Künstler nieder und verzieren mit dem Bernstein Essbestecke, Pokale, Schalen, Handstöcke, aber auch Hausaltäre, Bilderrahmen oder Schränke.

Das Bernsteinzimmer – das achte Weltwunder

In Berlin beauftragt König Friedrich I. von Preußen 1701 den Bau eines feudalen Schlosses; in diesem soll ein Eckzimmer zum Bernsteinzimmer werden. Tausende von kleinen Stückchen Bernstein werden zu großen Mosaiken zusammengefügt, mit Figuren, Ornamenten und filigranen Mustern. Sie zieren die vier Wände, mit italienischen Landschaften als Symbole für vier der fünf menschlichen Sinne. 1712 ist das Meisterwerk vollendet; manche bezeichnen es als achtes Weltwunder. Die warmen Gelb- bis Brauntöne verströmen bei Sonnenschein und besonders beim Schein der Kerzen in den Kronleuchtern einen behaglichen Glanz.
Doch schon der Sohn, Friedrich Wilhelm I., selbst eher von kleinem Wuchs, interessiert sich mehr für hochgewachsene Soldaten als für Kunst. Er tauscht 1716 das Bernsteinzimmer mit dem Zaren Peter I. von Russland gegen 55 „Lange Kerls“ für sein Garderegiment. Das Zimmer kommt in das neu gegründete Sankt Petersburg. Erst 1741 gelingt es der Zarin Elisabeth, das Zimmer aufbauen und noch erweitern zu lassen. Seinen Platz findet das Zimmer 1755 nahe der Stadt im Katharinenpalast im Zarskoje Selo, dem „Zarendorf“. Später hält sich die lebenslustige Zarin Katharina die Große gern im Bernsteinzimmer auf, ergibt sich dem Kartenspiel und auch anderen Vergnügungen.
Im Zweiten Weltkrieg bauen deutsche Soldaten das Zimmer aus

und bringen es nach Königsberg – ein eindeutiger Fall von Kunstraub. Hier wird es aufgebaut und kurz vor Kriegsende wieder in Kisten verpackt und im Kellergewölbe gelagert. Nun verliert sich jede Spur und bald beginnt die Legendenbildung. Ist das Zimmer im Schloss verbrannt? Oder ist es mit einem Schiff gesunken und liegt vor Polen auf dem Meeresgrund? Oder haben die deutschen Soldaten es rechtzeitig in ein gutes Versteck gebracht, ruht es in einem unterirdischen Stollen? Bis heute ist das Bernsteinzimmer verschollen, kommt nicht mehr ans Licht, obwohl viele nach ihm suchen. Sein Wert wird auf mindestens 125 Millionen Euro geschätzt. Die Sowjetunion startet 1979 eine mühsame, aufwändige Rekonstruktion des Weltwunders. Stolze sechs Tonnen Bernstein brauchen die russischen Restauratoren. Eine halbe Million Plättchen aus Bernstein stecken schließlich in der Wandtäfelung.
2003 feiert Sankt Petersburg das 300-jährige Jubiläum der Stadtgründung. Präsident Putin und Kanzler Schröder weihen feierlich den Nachbau des Bernsteinzimmers ein, wieder am früheren Ort, dem prächtigen Katharinenpalast. Ein Besuch lohnt sich, das Zimmer ist wunderschön, wie überhaupt der ganze Palast.

Ein Heil- und Zauberstein

Die Menschen in der Steinzeit sind eng mit ihrer Welt verbunden. Schon sie tragen gern den Bernstein um den Hals, auch um Krankheiten abzuwehren. Später sind die Römer davon überzeugt, dass Bernstein eine fiebersenkende Wirkung hat.
Bernsteinpulver, Bernsteinöl und Bernsteinsäure sind Jahrhunderte lang in fast jeder Apotheke vorrätig; daraus werden verschiedene Medikamente gegen viele verschiedene Krankheiten gemischt. Oft scheint es geholfen zu haben. Hildegard von Bingen, die große Gelehrte des Mittelalters, empfiehlt Bernstein für den Magen.
Bernstein scheint schmerzstillend und beruhigend zu wirken. Manche Mutter gibt ihrem Baby Bernstein oder legt ihm eine Bernstein-

kette um den Hals, damit er die Schmerzen lindert, wenn die ersten Milchzähne kommen.
Wer all das für veraltetes Wissen oder für abergläubischen Hokuspokus hält, möge dem großen Mediziner und Mikrobiologen und Nobelpreisträger Robert Koch lauschen. Der findet 1886 heraus, Bernsteinsäure stärke die Immunität des Organismus, und empfiehlt, Bernstein direkt auf der Haut zu tragen. Wie das unsere unaufgeklärten, aber lebensklugen Vorfahren schon gemacht haben.
Gesäuberter Bernstein wird länger eingelegt in hochprozentigen Alkohol, dazu kommen Zucker und Wasser – und fertig ist der Bernsteinlikör. Davon sollte man unbedingt täglich ein Gläschen trinken, natürlich nur der Gesundheit zuliebe.

Bernstein heute

Die „Blaue Erde" ist eine Erdschicht aus der Zeit des Eozän, also 35 bis 55 Millionen Jahre alt. Sie birgt die größte Konzentration an Bernstein und findet sich vor allem auf der Halbinsel des Samlandes, im heutigen Russland und früheren Ostpreußen. Ein großer Anteil der Weltproduktion wird heute hier im Bergbau gefördert.
In Bitterfeld in Sachsen-Anhalt wurde neben Braunkohle bis 1990 auch Bernstein im großen Stil abgebaut, zeitweise ein Zehntel der weltweit gewonnenen Menge.
Im Handel gibt es heute oft Schmuck aus trübem Naturbernstein, der in heißem Öl gekocht wird. Der Stein hat danach eine klare, einheitliche Farbe.

Bernstein am Strand

An der Nordsee bringt im Wechsel der Gezeiten jede Flut vielleicht Bernstein mit. In der Ostsee spielen Ebbe und Flut fast keine Rolle. Nach einem auflandigen Sturm sind die Chancen für einen Fund am Strand am größten. Der Bernstein ruht im Meeresboden; der Sturm wühlt ihn auf, reißt den Seetang los und wirft diesen samt dem Bernstein ans Ufer. Der sehr leichte Bernstein treibt nur dann auf dem salzigen Meereswasser, wenn dieses im Herbst und im Winter durch die Kälte eine große Dichte hat. Der begehrte Stein versteckt sich gern im Spülsaum des Strandes, zusammen mit Tang, Holz, Muscheln und Steinchen.

Up ewig ungedeelt

„Schleswig-Holstein, meerumschlungen"
– die Geschichte der Hymne

„Punkt, Punkt, Komma, Strich, fertig ist das Mondgesicht.“ So fängt ein Kindergedicht an. Steht zwischen Schleswig und Holstein ein Komma oder ein Bindestrich? Diese Frage hat in der Landesgeschichte große Bedeutung mit weitreichenden Auswirkungen. Musik verbindet Menschen. Musik hat eine große Wirkmacht. Eine mitreißende Melodie wird schnell zum Ohrwurm, samt dem zugehörigen Liedtext. Mit Musik wird oft Politik gemacht. Das Lied „Schleswig-Holstein, meerumschlungen“ – offiziell heißt es „Wanke nicht, mein Vaterland“, aber das weiß fast niemand – macht große Politik. In Schleswig, mit Blick auf die Schlei als Meeresarm, erlebt es 1844 seine Premiere. Es wird zum nationalen Hit und später zum Schleswig-Holstein-Lied, zur inoffiziellen Landeshymne. Es legt die Wurzeln für deutschdänische Kriege und für die heutige Landesfahne in Blauweißrot.

Der Nationalstaat und die Sängerfeste

Die Idee des Nationalstaats rollt im 19. Jahrhundert wie eine Welle durch Europa, in dem es viele Vielvölkerstaaten gibt. Die Idee einer ethnischen Homogenität. Die Vorstellung, ein Volk könne seine Eigenheiten, seine Kultur und Tradition am besten in einem eigenen Staat entfalten. Daneben gibt es die Forderungen nach Demokratie, nach Mitbestimmung. Der dänische König gibt der Stimmung nach und erlaubt 1834 „Ständeversammlungen“ in den Herzogtümern. Wählen und gewählt werden dürfen aber nur mindestens 25-jährige Männer mit großem Grundbesitz, also nur ein Bruchteil der Bevölkerung. Die Gremien können nur debattieren und Bitten stellen, mitbestimmen dürfen sie nicht.
Politische Parteien und politische Veranstaltungen sind verboten. Die national gestimmten Menschen in Deutschland finden einen volkstümlichen Weg, um sich zu treffen. Ab den 1830er Jahren entstehen überall Männergesangsvereine als so genannte Liedertafeln. Diesen geht es nur am Rande um ein geselliges Beisammensein,

um eine sinnvolle Freizeitbeschäftigung. Nein, sie finden ihre Bühne zum Politikmachen: Bei großen Volks- und Sängerfesten geben sie neue patriotische Lieder zum Besten, in denen es um Heimat, um Blutsverwandtschaft, um Freiheit geht. Dazu werden politische Reden gehalten.

„Das Lied der Deutschen"

Frankreich fordert 1840 die linksrheinischen Gebiete des Rheinlands, der Rhein soll die neue Staatsgrenze sein; Krieg liegt in der Luft. Die deutsche nationale Bewegung erwacht nun wieder, und es erwacht der Franzosenhass. Mehrere Rheinlieder entstehen. Davon inspiriert, schreibt August Heinrich Hoffmann von Fallersleben 1841 sein „Lied der Deutschen", zu einer Melodie von Joseph Haydn.

1922 wird Reichspräsident Friedrich Ebert dieses Deutschlandlied zur Nationalhymne erklären. Nach dem Zweiten Weltkrieg darf nur noch die „harmlose" dritte Strophe mit „Einigkeit und Recht und Freiheit" gesungen werden; diese wird nach der deutschen Einheit zur offiziellen Nationalhymne.

„Deutschland, Deutschland über alles" – damit beginnt die erste Strophe. Der Dichter hat dabei aber keine Großmachtphantasien im Sinn, sondern er besingt die Einheit Deutschlands, die über den Interessen der vielen Einzelstaaten im Deutschen Bund stehen soll.

Die Dänen und die Deutschen

Die deutsch-dänische und damit auch die schleswig-holsteinische Geschichte ist in ihrer Komplexität eine Wissenschaft für sich; wer sie voll und ganz begreift, hat gute Chancen auf eine Auszeichnung als Universalgenie. Eine erschöpfende Darstellung würde zweifelsohne zur allgemeinen Erschöpfung führen.

Eine große Weichenstellung gibt es schon in der Wikingerzeit: Im Jahr 811 wird der Fluss Eider als Grenze zwischen dem dänischen und dem fränkischen Reich festgelegt. Die Eider trennt bis heute Schleswig und Holstein. Seit dem Vertrag von 811 gilt: Schleswig ist dänisch, Holstein ist fränkisch und damit deutsch.
Nach dem Vertrag von Ripen 1460 sollen die beiden Herzogtümer „up ewig ungedeelt" bleiben, auf ewig ungeteilt und mit Dänemark verbunden.
Nach einigen Irrungen und Wirrungen gehören die Herzogtümer Schleswig und Holstein ab 1773 wieder zum dänischen Gesamtstaat, werden vom dänischen König regiert. Schleswig gehört auch staatsrechtlich zu Dänemark, der dänische König ist zugleich auch der Herzog. Holstein ist dagegen Mitglied des Deutschen Bundes. Das klingt kompliziert, funktioniert aber lange Zeit recht gut. Bis bei den Dänen und bei den Deutschen das Nationalbewusstsein Aufwind gewinnt.
In Holstein ist die Bevölkerung weit überwiegend deutsch. Schleswig ist dagegen multiethnisch; hier leben Dänen, Deutsche und Friesen. In Nordschleswig spricht das Volk überwiegend Dänisch, in Südschleswig überwiegend Deutsch. Die nationalen Dänen wollen Schleswig enger an Dänemark binden. Die nationalen Deutschen wollen dagegen, dass auch Schleswig dem Deutschen Bund beitritt.

„Leewer dood as Slav"

Unter den unbeugsamen Nordfriesen macht ein antidänischer Wahlspruch Karriere: „Leewer dood as Slav" – „Lieber tot als Sklave." Erstmals steht er beim großen Sängerfest im Juni 1844 in Bredstedt auf dem neuen Wappen. Die Schreibweise differiert je nach friesischer Dialektvariante.

Das Sängerfest in Schleswig

Der Schleswiger Gesangverein gründet sich 1839, natürlich als reiner Männerchor. Auch er will Politik machen, will die nationale, deutsch gestimmte Gesinnung weitertragen. Und er beschließt, ein großes Sängerfest zu veranstalten.
Vor dem Fest gibt der Gesangverein als Veranstalter den Auftrag, ein Huldigungslied über Schleswig und Holstein zu schreiben. Eine erste Fassung von Karl Friedrich Straß beschreibt beschaulich die Schönheit der beiden Herzogtümer; sie erscheint dem Festausschuss und den Sängern aber als nicht politisch, nicht patriotisch genug. Kurz vor dem Fest schreibt Matthäus Friedrich Chemnitz, Mitglied des Schleswiger Gesangvereins, die neue und endgültige Fassung.
Die eingängige, schwungvolle Melodie komponiert Carl Gottlieb Bellmann, Kantor des Schleswiger St. Johannisklosters, eigens für diesen Anlass auf seiner Orgel; er orientiert sich dabei auch an der französischen Freiheitshymne, der Marseillaise.
Kanonenschüsse eröffnen den Festzug des Schleswiger Sängerfestes am 24. Juli 1844. Die Stadt ist festlich geschmückt; Fahnen zieren die Häuser, einige Straßen sind von umkränzten Ehrenpforten überwölbt. Im Dom wird am Vormittag ein geistliches Konzert aufgeführt. Am Nachmittag marschieren 500 Sänger aus Schleswig und Holstein mit Fahnen und Bannern, alphabetisch geordnet nach ihren 32 Chören von Altona bis Wesselburen, vom Marktplatz hoch zum Festplatz auf der Schützenkoppel. Wieder werden Kanonenschüsse abgefeuert. In der großen Festhalle finden 2.500 Menschen an Tischen Platz, nehmen hier das Festmahl ein; die Veranstaltung ist schon lange ausverkauft. Immer wieder wird ein Hoch ausgebracht – ein Hoch auf die ewig ungeteilten Herzogtümer, ein Hoch auf Deutschland, ein Hoch immerhin auch auf den dänischen König. Rings um die Halle finden weitere 10.000 Besucher Platz und werden durch sieben große Wirtszelte verköstigt. Hier genießen sie den herrlichen Ausblick auf die Schlei, die als Meeresarm weit ins Landesinnere reicht.

Feierlich wird eine Flagge in den Farben Blauweißrot gehisst. Nach einigen patriotischen Liedern und Reden betreten die 56 Sänger des Schleswiger Gesangvereins das Podium in der Festhalle, unter ihnen der Texter und Tenorsänger Chemnitz. Der Komponist Bellmann ist der Dirigent. Mit Inbrunst singen sie ihr Lied.

Wanke nicht, mein Vaterland

1. Schleswig-Holstein, meerumschlungen,
deutscher Sitte hohe Wacht,
wahre treu, was schwer errungen,
bis ein schönrer Morgen tagt!
Schleswig-Holstein, stammverwandt,
wanke nicht, mein Vaterland!

2. Ob auch wild die Brandung tose,
Flut auf Flut, von Bai zu Bai,
O, lass blühn in deinem Schoße
deutsche Tugend, deutsche Treu.
Schleswig-Holstein, stammverwandt,
bleibe treu, mein Vaterland!

3. Doch wenn inn're Stürme wüten,
drohend sich der Nord erhebt,
schütze Gott die holden Blüten,
sie ein mildrer Süd belebt!
Schleswig-Holstein, stammverwandt,
stehe fest, mein Vaterland!

4. Gott ist stark auch in den Schwachen,
wenn sie gläubig ihm vertrau'n;
zage nimmer, und dein Nachen
wird trotz Sturm den Hafen schau'n!

Schleswig-Holstein, stammverwandt,
harre aus, mein Vaterland!

5. Von der Woge, die sich bäumet
längs dem Belt am Ostseestrand,
bis zur Flut, die ruhlos schäumet
an der Düne flücht'gem Sand!
Schleswig-Holstein, stammverwandt,
stehe fest, mein Vaterland!

6. Und wo an des Landes Marken
sinnend blinkt die Königsau,
und wo rauschend stolze Barken
elbwärts ziehn zum Holstengau.
Schleswig-Holstein, stammverwandt,
bleibe treu, mein Vaterland!

7. Teures Land, du Doppeleiche
unter einer Krone Dach,
stehe fest und nimmer weiche,
wie der Feind auch dräuen mag!
Schleswig-Holstein, stammverwandt,
wanke nicht, mein Vaterland!

Alle teilnehmenden Sänger haben zuvor ein Liedblatt erhalten und zur Verstärkung die letzten beiden Zeilen jeder Strophe als Refrain mitgesungen.

Vom Komma zum Bindestrich

Aus der ersten Fassung, einem braven Heimatlied, hat Matthäus Friedrich Chemnitz ein politisches Kampflied gemacht; ihm gelingt ein anschaulicher, poetischer Text. Er verwendet Begriffe der Nationalromantik und besingt die Sehnsucht, dass Schleswig und Holstein eins, unabhängig und deutsch werden. Der drohende „Nord" steht für die dänische Herrschaft, der milde „Süd" für die deutschen Einflüsse. Schleswig und Holstein sind eine zweistämmig gewachsene „Doppeleiche" aus einer gemeinsamen Wurzel und gehören untrennbar zusammen. In der ersten Fassung stand – staatsrechtlich korrekt – zwischen Schleswig und Holstein noch ein Komma; Chemnitz setzt nun den verbindenden Bindestrich, verbindet die zwei Herzogtümer zu einer politischen Einheit. Und er appelliert an den langen Atem der Menschen – sie sollen durchhalten, „bis ein schönrer Morgen tagt".

Die hymnische Melodie, der patriotische Text und der inbrünstige Gesang reißen bei der Premiere die schon patriotisch aufgeheizten Zuhörer mit. Es gibt große Begeisterung mit „Standing Ovations" und vielen Hurra- und Bravorufen. Das Lied muss nochmals gesungen werden; viele singen mit, die Euphorie steigert sich immer weiter. Die Uraufführung wird zur politischen Provokation, wird zur großen antidänischen, prodeutschen Demonstration, mitten im dänischen Herzogtum Schleswig.

Die Trikolore in Blauweißrot

Dazu trägt auch die Flagge bei. Frauen der Sänger haben sie genäht, mit den waagrecht angeordneten Farben Blauweißrot, eine Trikolore mit drei Farben wie auch die französische Revolutionsflagge. Auch die Farben – in Frankreich senkrecht angeordnet – sind genau gleich, aber das ist nur ein Zufall, denn Blau, Weiß und Rot stammen aus den holsteinischen und schleswigschen Flaggen. Diese patriotische, antidänische Trikolore tauchte schon einige Jahre zuvor vereinzelt auf, wird nun aber in der Kombination mit dem „Revolutionslied" populär – so populär, dass die dänische Regierung sie 1845 verbietet. Erst 1949 wird sie inoffiziell und 1957 offiziell zur Landesflagge. Die Schleswig-Holstein-Hymne und die Flagge mit den schleswig-holsteinischen Landesfarben haben gewissermaßen denselben Geburtstag – den 24. Juli 1844.

Der Siegeszug der Hymne

Das Schleswig-Holstein-Lied tritt nach dem großen Erfolg nun seinen Siegeszug an. Dazu trägt auch bei, dass es der dänische König verbieten lässt, wie auch die Flagge, als oppositionelle Symbole. Die Sänger verbreiten das revolutionäre Lied zuhause. Viele Zeitungen drucken den Text ab.
Das erste gesamtdeutsche Sängerfest geht im August 1845 im bayerischen Würzburg über die Bühne. Der Männergesangverein aus Schleswig singt „Wanke nicht, mein Vaterland". Auch hier gibt es einen großen Beifallssturm. Das Lied aus dem Norden wird nun vollends zu einem nationalen, vaterländischen Lied im Kampf um die deutsche Einheit. Nicht verschwiegen werden darf: Viele weniger national gesinnte Deutsche können mit dem Lied nichts anfangen. Friedrich Engels, der 1848 mit Karl Marx das Kommunistische Manifest veröffentlichen wird, parodiert 1846 in einem Brief an Marx den Text, reimt „dumme Jungen" auf meerumschlungen und „Affenschand" auf Vaterland. Auch der Dichter Heinrich Heine hält wenig von dieser Form der „Deutschtümelei". Die meisten Deutschen sind ohnehin bitterarm und sorgen sich nicht um die Nation, sondern um das tägliche Essen auf dem Tisch. Und viele Bürgerliche haben sich längst enttäuscht von der Politik abgewandt und den Rückzug ins Private angetreten.

Die Kriege und die Volksabstimmung

1848 kommt es mit der „Schleswig-Holsteinischen Erhebung" zum Krieg, den Dänemark gewinnt. Den nächsten Krieg 1864 verlieren die Dänen dagegen. Die Herzogtümer Schleswig und Holstein fal-

len an Preußen und Österreich. Die beiden führen bald Krieg gegeneinander; Preußen gewinnt und vereint die Herzogtümer zur Provinz Schleswig-Holstein. 1871 bildet sich schließlich das Deutsche Reich.
In Schleswig schwelt die Frage der nationalen Zuordnung bei den Dänen aber weiter. Nach der deutschen Niederlage im Ersten Weltkrieg wird im Versailler Vertrag eine Volksabstimmung festgelegt. In Nordschleswig entscheidet sich eine Mehrheit der Menschen für Dänemark. Nordschleswig wird damit wieder dänisch, Südschleswig gehört dagegen weiter zu Deutschland. Schleswig bleibt doch nicht „up ewig ungedeelt".

Die inoffizielle Landeshymne

In den 1980er Jahren gibt es Versuche, das Schleswig-Holstein-Lied zur offiziellen Landeshymne zu machen; doch die dänische Minderheit protestiert energisch. Seither ist das Thema dauerhaft vom Tisch. Radio Schleswig-Holstein, der größte private Rundfunksender im Land, spielt Nacht für Nacht die erste Strophe, pünktlich um Mitternacht. Gesungen werden heute meist die erste, zweite und siebte Strophe.
Jeder Mensch, der sich in Schleswig-Holstein dauerhaft niederlassen will, muss zuvor als Nachweis seiner Integration alle sieben Strophen der inoffiziellen Landeshymne auswendig singen. Wirklich? Nein, diese Forderung wäre eine Überforderung; bei einem solchen Test würden auch fast alle Ureinwohner des Landes durchfallen.
Es gibt zu viele Bundesländer, heißt es immer einmal wieder. Ein Nordstaat soll her – die Fusion von Schleswig-Holstein und Hamburg. Oder, größer gedacht, noch mit Mecklenburg-Vorpommern. Oder, noch größer, auch noch mit Niedersachsen und Bremen; als Variante auch ohne Mecklenburg-Vorpommern. Dass sich hier in absehbarer Zeit etwas tun wird, ist sehr unwahrscheinlich. So gut wie sicher ist aber: Das heutige Schleswig-Holstein bleibt up ewig ungedeelt.

Das Licht in den Heimat-hafen

Die Leuchttürme an der Küste

Schon von Weitem sind sie zu sehen. Stolz und aufrecht stehen sie, trotzen dem Wasser und dem Wind – die einen rotweiß oder grünweiß oder schwarzweiß gestreift, die anderen aus Backstein gemauert. Leuchttürme sind die majestätischen Wahrzeichen der Meeresküsten. Den Einheimischen schenken sie ein Gefühl von Heimat, den Urlaubern ein maritimes Lebensgefühl.
Leuchtturmwärter zu sein, das wäre ein Traumberuf! Ein abgeschiedenes Leben im Einklang mit der Natur und der Schönheit des Meeres. Doch wer zu spät kommt, den bestraft das Leben – der Fortschritt der Technik hat dafür gesorgt, dass der Beruf so gut wie ausgestorben ist. Den von Hand betriebenen Leuchtturm haben moderne digitale Navigationshilfen abgelöst. Doch was tun, wenn die Satellitentechnik oder die Elektronik versagt? Wenn der Strom ausfällt? Auf die Leuchttürme als sichtbare Zeichen kann die Schifffahrt zur Absicherung immer noch nicht verzichten. Seit über 2.000 Jahren helfen sie den Seefahrern, den Weg in den sicheren Hafen zu finden. Unzählige Leben von Seeleuten haben sie gerettet. Einige Leuchttürme setzen bei schlechter Sicht Nebelhörner oder Nebelglocken als akustisches Signal ein.

Der schönste Turm im Land

An der schleswig-holsteinischen Ostsee gibt es einige aktive Leuchttürme, diese betreibt und unterhält das Wasserstraßen- und Schifffahrtsamt Ostsee mit Standorten in Lübeck und Stralsund; Kiel hat eine Außenstelle. Und es gibt Ruheständler unter den Türmen, deren Leuchtfeuer längst abgeschaltet worden ist. Welches Bauwerk nun als ein Leuchtturm gilt und welches nicht, ist nicht eindeutig festgelegt. Das eine oder andere Leuchtfeuer ist nicht auf einem Turm, sondern auf einem hochgelegenen Haus montiert.
Von der Flensburger Förde bis zur Lübecker Bucht und bis Fehmarn könnte man nun die Einheimischen und die Urlauber auffordern:

Seht auf all die Leuchttürme am Strand,
und sagt: Wer ist der Schönste im Land?
Das ist eine heikle Geschmacksfrage, die am besten jede und jeder für sich selbst beantwortet. Natürlich finden die Lokalpatrioten den Turm vor ihrer Haustür am schönsten. Leuchttürme gehören jedenfalls zu den beliebtesten Fotomotiven bei den Touristen.

Der erste Leuchtturm der Welt

Pharos ist eine kleine Insel im Mittelmeer, die mit einem Damm mit der ägyptischen Stadt Alexandria verbunden ist. Um 280 vor Christus wird hier wohl der erste Leuchtturm der Welt gebaut. Vermutlich ist der Turm weit über 100 Meter hoch. Verkleidet ist er mit strahlend weißem Marmor, er muss schon aus der Ferne ein faszinierender Anblick gewesen sein. Im dritten, höchsten Stockwerk werden Tag und Nacht Öl, Pech und Baumharze verbrannt; ein konkaver Kupferspiegel bündelt das Licht, das man damals wohl 50 Kilometer weit sehen kann. Dieser Turm gilt als eines der sieben Weltwunder der Antike. Mehrere Erdbeben beschädigen ihn im achten und im 14. Jahrhundert nach Christus, die Ruine wird bald vollends abgerissen. Inzwischen gibt es in Ägypten Pläne, den Turm wieder aufzubauen. Der Leuchtturm ist in den romanischen Sprachen nach dem allerersten seiner Art benannt, heißt beispielsweise auf Französisch phare. Die Lehre von den Leuchttürmen ist die Pharologie.

Das Leuchtfeuer weist den Weg

Die ersten Fischer und Seefahrer müssen sich an der Natur orientieren, wenn sie heimfinden wollen – an auffallenden Bäumen, an besonderen Felsformationen, oder auch an Gebäuden. Bei Nacht und Nebel hilft ihnen das nichts, da kommen sie in große Gefahr. Sie brauchen ein Licht, das ihnen den Weg weist. Ganz zu Beginn brennen Fackeln am Hafen, später große Feuer als Scheiterhaufen. Noch später werden Leuchttürme gebaut. Damit man ihr Licht trotz der Erdkrümmung möglichst weit sehen kann, werden sie oft auf eine Anhöhe an der Küste gebaut – dann muss der Turm selbst nicht unnötig hoch werden. Die Lichtsignale eines Leuchtturms werden Leuchtfeuer genannt. Wie hoch dieses ist, hängt von seinem Abstand zum Meeresspiegel ab und nicht von der Höhe des Turms.

Der Aufschwung durch den Handel

An den Küsten des Mittelmeers und bis Großbritannien bauen die Römer viele steinerne Leuchttürme; das Feuer brennt in Körben oben auf der Spitze. Als das Römische Reich untergeht, verschwinden im Laufe der Zeit auch viele ihrer Leuchttürme.
Ab dem 12. Jahrhundert nimmt der Seehandel stark zu, besonders in der Ostsee. Viele schwer beladene Koggen mit wertvollen Waren sind auf dem Wasser lange unterwegs. Die Hansestädte legen ab dem 13. Jahrhundert Zufahrtsfeuer zu ihren Häfen an, oft auf Inseln vor den Städten, wie in Travemünde für Lübeck.

Die Technik bringt den Wandel

Jahrhundertelang brennt auf den Leuchttürmen ein offenes Holz- oder Kohlefeuer. Anfang des 19. Jahrhunderts beginnt der rasante technische Fortschritt. Nun kommen eine Petroleumlampe und ein Parabolspiegel zum Einsatz. Um 1820 entwickelt der französische Physiker Augustin Jean Fresnel eine nach ihm benannte Linse; deren Prismen bündeln die Lichtstrahlen und lenken sie in eine bestimmte Richtung. Das Leuchtfeuer reicht nun deutlich weiter. Im 20. Jahrhundert kommen elektrische Glühlampen zum Einsatz, inzwischen sind es Halogen-Metalldampflampen und immer häufiger LED-Leuchtmittel.

Wofür es Leuchtfeuer gibt

Es gibt verschiedene Leuchtfeuer auf den Türmen. Das Seefeuer kündigt an, dass das Festland nahe ist; es schickt einen hellen Lichtstrahl so weit wie möglich auf das Meer hinaus und dreht sich dabei möglichst in alle Richtungen. An felsigen Küsten stehen Türme mit Seefeuer auf Riffs oder Halbinseln und warnen damit die Seeleute frühzeitig. Die Reichweite liegt meist zwischen zehn und 40 Kilometern.

Das Orientierungsfeuer hilft den Seeleuten, entlang einer Küste ihre genaue Position, ihren Standort zu bestimmen. Von der Technik her ist es ein kleines Seefeuer, das keinen Turm und kein starkes Licht braucht, da es nur aus der Nähe gesehen wird.

Ein Leitfeuer markiert eine enge Fahrrinne und zeigt den befahrbaren Bereich, wo das Wasser tief genug ist, und lotst das Schiff dadurch sicher in den Hafen.

Daneben gibt es auch noch alle möglichen Warnfeuer; beispielsweise warnt die Bundesmarine zwischen der Kieler Förde und dem Fehmarnsund damit, wenn sie bei Manövern zu schießen beginnt.

Jedes Leuchtfeuer ist unverwechselbar

Ganz am Anfang geht es nur darum, den Menschen auf dem Wasser ein Licht zur Orientierung zu geben. Technische Neuerungen verbessern die Leuchtfeuer stetig – das Licht wird gesteuert und es sendet Signale. Die Seeleute sehen eine rhythmische Folge von Lichtblitzen. Die verschiedenen Leuchttürme sollen nicht verwechselt werden können, jeder Ort soll dauerhaft identifizierbar sein. Deshalb hat jeder Leuchtturm eine eigene „Kennung" – eine individuelle Variante seines Blinklichts bei der Abfolge und den Pausen, bei der Farbe oder bei der Dauer eines Signals. Alle Kennungen werden in ein Leuchtfeuerverzeichnis eingetragen.

Das älteste und das höchste Leuchtfeuer im Lande

Der alte Leuchtturm in Travemünde ist der älteste Leuchtturm in Schleswig-Holstein und auch in ganz Deutschland. Von einem Hafenzeichen ist bereits im Jahr 1226 die Rede. Ein erster Leuchtturm wird 1330 urkundlich genannt, dänische Truppen zerstören ihn 1534 im Bürgerkrieg. Holländische Maurer bauen 1539 einen neuen Turm. Zunächst brennt auf ihm wohl ein offenes Holz- und Kohlefeuer. Später leuchten Lampen mit Hanföl vor vergoldeten Hohlspiegeln. Der obere Teil des Turms brennt 1827 bei einem Feuer ab, danach wird er klassizistisch wieder hochgemauert und erhält Petroleumlampen. Der technische Fortschritt hält weiterhin Einzug – elektrische Bogenlampen leuchten ab 1903 und Glühlampen ab 1937.
Der rote Ziegelturm ist stolze 31 Meter hoch, kann aber dennoch leicht übersehen werden. Am Strand von Travemünde, nahe dem Leuchtturm, beginnt 1972 der Bau eines Hotels. Dieses Hochhaus streckt sich am Strand von Travemünde 119 Meter in den Himmel und stellt den Leuchtturm buchstäblich in den Schatten, versperrt die Sicht auf ihn. Seine lebenswichtige Aufgabe kann der Turm nicht mehr richtig erfüllen, sein Leuchtfeuer wird im Frühjahr 1972 abgeschaltet. Übergangsweise übernimmt der Radarmast an der Lotsenstation die Aufgaben. Die Nachfolge des Turms tritt das Hotel an, es wird zum neuen Leuchtturm: In seinem Dachgeschoss wird 1974 das Leuchtfeuer eingerichtet – in einer Höhe von fast 115 Meter über dem Meeresspiegel und damit wohl so hoch wie nirgendwo sonst in Europa.

Der nördlichste Leuchtturm im Lande

In Falshöft steht er auf einem gemauerten Backsteinsockel und erstrahlt schön in Rotweiß. Weiter im Norden steht kein Leuchtturm in Schleswig-Holstein und in Deutschland. Das fotogene Bauwerk

kann man besichtigen und hat bei gutem Wetter einen grandiosen Rundblick bis nach Dänemark. Wem die Szenerie irgendwie bekannt vorkommt, sah vermutlich früher gern die Serie „Der Landarzt“; hier in Falshöft drehte das ZDF einige Szenen. Das Leuchtfeuer betrieb man ab 1910 mit Petroleum, später mit Flüssiggas und ab 1963 mit Strom, bis es 2002 als Seezeichen gelöscht wurde. Nachts leuchtet der Turm immer noch. Der Naturstrand unmittelbar daneben ist ein Traum.
Seit der Falshöfter Turm Rentner geworden ist, steht der nördlichste aktive Turm auf der idyllischen Halbinsel Holnis – wie sein Kollege ebenfalls fotogen in rotweiß.

Allein mitten im Wasser

In der Flensburger Förde gibt es nahe der Geltinger Birk eine Untiefe namens Kalkgrund. Lange warnt ein Feuerschiff die Seefahrer davor. Solche schwimmenden „Leuchtfeuer auf See“ sind früher häufig im Einsatz, sie liegen an einer bestimmten Position vor Anker und lassen ihr Leuchtfeuer brennen. Für die Förde entscheidet man sich schließlich, das Feuerschiff aufzugeben. Seit 1963 steht der erste vollautomatische, unbemannte Leuchtturm an der deutschen Küste mitten im Wasser. Die Betriebskosten des rotweißen Turms namens Kalkgrund sind niedriger, sein Leuchtfeuer ist höher und er ist auch bei Eis voll einsatzfähig.

Das nasse Rendezvous

Als einer der schönsten gilt der Turm auf der Lotseninsel an der Schleimünde. Hier beaufsichtigt er das nasse Rendezvous der Ostsee mit ihrem Meeresarm, der Schlei; viele Segler passieren ihn. Nach dem Bau 1871 hat die Farbe mehrmals gewechselt, seit 2015 erstrahlt er in Grünweiß. Auf der Halbinsel liegt ein Naturschutzgebiet.

Der Rentner und sein neuer Anstrich

Wer als Segler Eckernförde ansteuert, findet Orientierung durch ein Leitfeuer im Hafenbereich. Hier stehen in Sichtweite voneinander gleich zwei ansehnliche Bauten. Als 1981 ein weiterer Jachthafen fertiggebaut ist, tritt der rotweiße Turm von 1907 in den Ruhestand. Um eine Verwechslung mit seinem ebenfalls rotweißen Nachfolger zu vermeiden, wird er in den Stadtfarben blaugelb gestrichen.

Auf den Spuren von Störtebeker

Der Bülker Turm an der Kieler Förde, der zur Gemeinde Strande gehört, bietet eine Abwechslung unter den Leuchttürmen – er trägt die Farben schwarz und weiß. Der prächtige Ausblick, den man hier auf das Meer hat, soll früher auch den berühmten Seeräuber Klaus Störtebeker angezogen haben. Von einem versteckten Wachtturm aus hat er früher das Meer beobachtet und Schiffen aufgelauert haben, heißt es.

Das Tor zum Nord-Ostsee-Kanal

Weit vorn bei der Frage nach dem schönsten Turm landet oft der historische Backsteinbau in Kiel-Holtenau. Seit 1895 steht er an den Schleusen zum Nord-Ostsee-Kanal, aus dessen Erdaushub der Hügel errichtet worden ist. Kaiser Wilhelm I. legte 1887 den Grundstein für das gewaltige Bauwerk, der im Fundament des Turms aufbewahrt wird. Über dem Haupteingang reichen sich die Meerjungfrauen Nordsee und Ostsee die Hand zum Bunde.

Eine Insel an der Grenze

Auf der Insel Fehmarn an der Grenze des Bundeslandes stehen mehrere Bauwerke für die Schifffahrt. Der achteckige Leuchtturm Flügge an der Südwestspitze von 1915 zeigt sich nach einer Renovierung seit 2010 wieder als der ursprüngliche rotgelbe Backsteinbau mit rotem Aufbau; er ist 37 Meter hoch und sein Leuchtfeuer ist das höchste auf der Insel.

Das Licht der Freiheit

Seit 1880 weist er den Weg in die Lübecker und in die Mecklenburger Bucht – der Leuchtturm Dahmeshöved. Der 29 Meter hohe, achteckige Ziegelturm steht auf einer Höved – niederdeutsch für Anhöhe – in der Nähe des heutigen Ostseebades Dahme, ziemlich genau zwischen Travemünde und Fehmarn.
Bis zum Fall der innerdeutschen Mauer im November 1989 wird sein Orientierungsfeuer für manche Menschen zum lebenswichtigen Orientierungspunkt: DDR-Bürger, die aus ihrem Land über die Ostsee fliehen wollen, nehmen ihn für die Navigation. Den Turm nennen sie „das Licht der Freiheit".

Wie ein Leuchtturm gebaut wird

Lange werden die Leuchttürme meist mit Backsteinen als Rundturm oder als Achteck gemauert. Nach der Industrialisierung setzt sich der Metallbau durch. Nun können die Handwerker windbeständige Konstruktionen hochziehen – aus Gusseisen oder aus Schmiedestahl. Heute bestehen die meisten Türme aus Stahlbeton. Auf den Turm aufgesetzt ist meist die Lichtanlage – die so genannte Laterne.

Der letzte Leuchtturmwärter in Eckernförde

Filme und Romane verklären den früheren Beruf des Leuchtturmwärters gern romantisch. Die Wirklichkeit sieht meist anders aus. Der Wärter lebt allein oder mit Familie oft abgelegen von der Außenwelt. Er ist von Stürmen oder Feuern bedroht. Und er hat eine riesige Verantwortung für die Menschen auf dem Wasser, die ganz auf ihn und seine Zuverlässigkeit angewiesen sind; er muss alles dafür tun, das Leuchtfeuer am Brennen zu halten. Wenn das blinkende Nachtlicht kaputt geht und er es nicht gleich reparieren kann, schwenkt er auch einmal eine Nacht lang mit der Hand ein Leuchtfeuer. Fällt das Nebelhorn aus, schlägt er mit dem Hammer gegen die Nebelglocke.

Die Aufgabe ist so wichtig, dass immer kurzfristig Ersatz da sein muss, der auch im Krankheitsfall einspringen kann – am besten die Ehefrau. Lange können nur verheiratete Männer Leuchtturmwärter werden, und ihre Gattinnen werden zu Hilfsleuchtfeuerwärterinnen ausgebildet. Im Leuchtturm selbst oder in einem Haus daneben wohnen die Wärter mit ihren Familien, oft gehören ein Stall, ein Garten und ein Acker dazu. Viele Gebäude haben keine Heizung und kein fließendes Wasser.

Das Berufsbild wandelt sich mit dem technischen Fortschritt. Zunächst beschafft der Wärter Holz, Kohle, Torf als Brennmaterial. Er zündet das Feuer rechtzeitig an und überwacht es, danach beseitigt er die Asche. Später versorgt er die Laterne mit Petroleum, er reinigt die Linsen und wartet die Mechanik.

„Der letzte macht das Licht aus." Der letzte Leuchtturmwärter – offiziell: Leuchtfeuerwärter – in Westdeutschland ist Ferdinand Denzien in Eckernförde; seine Frau ist seine Vertretung. Jeden Abend entzündet er bei Einbruch der Dunkelheit das Leuchtfeuer und macht später noch einen Kontrollgang. Am Morgen schaltet er nach Sonnenaufgang das Licht wieder aus. Auch die Geräte wartet er.

Am 30. September 1986 schaltet er das Leuchtfeuer im Turm am Klintbarg aus – ein aufgestocktes Wohnhaus, das nicht wie ein klassischer Leuchtturm aussieht. Der Handbetrieb ist Geschichte, ein elektronisches Leuchtfeuer in der Nähe übernimmt nun die Aufgaben.

Der Leuchtturm und die Romantik

Zwar gibt es keine Romantik mehr durch Leuchtturmwärter zu erhoffen, aber viele Leuchttürme bieten jede Menge Romantik: Sie weisen auch den Weg in den Ehehafen.
In Falshöft verraten schon die vielen Schlösser unten am Zaun, dass man in luftiger Höhe vor einer grandiosen Strandkulisse heiraten kann. Auch auf den Leuchttürmen Bülk, Dahmeshöved, Flügge und Holtenau ist es möglich, den hoffentlich schönsten Tag im Leben hoch über dem Meer zu feiern, ebenso auf dem Golden Oldie – dem alten Leuchtturm von Travemünde.

Die Jahrtausend-Sturmflut

Eckernförde und das Hochwasser 1872

Still und friedlich liegt die Ostsee meist da, sie gilt als ein eher harmloses und sanftes Meer. Doch sie kann auch anders, ist bei Sturm aufgewühlt. An ihren Küsten hat es in der langen Geschichte der Menschheit immer wieder schlimme Sturmfluten gegeben. „Flut" ist hier im Sinne von sintflutlichen Wassermassen zu verstehen, nicht von Ebbe und Flut, die es an der Ostsee kaum gibt. Weht der Wind lange aus West und dreht dann schlagartig stark auf Nordost, wird es gefährlich. Das Wasser fließt nicht so schnell ab durch die schmale Enge in die Nordsee, es staut sich, sein Pegel steigt – und der Sturm jagt es mit Wucht an die Küsten. Schwere Überschwemmungen gab es bereits in den Jahren 1625, 1694 und 1793.

Der Badewanneneffekt

Die ersten zehn Tage im November 1872 presst ungewöhnlich lange ein starker, zeitweise stürmischer West- und Südwestwind große Mengen Wasser aus der Nordsee über Skagerrak und Kattegat in die Ostsee. Diese wird voller und voller. Das Wasser wird weitergedrückt bis an deren östliches Ende, an die baltischen und finnischen Küsten. An der westlichen Ostseeküste sinkt der Pegel wieder. In Eckernförde zieht sich das Wasser vom Strand zurück, die Sandbänke werden sichtbar. Die Fischer und die anderen Bewohner sehen das gelassen, sie sind es gewohnt: Im November gibt es häufig starke Stürme.
Am 10. November lässt der Wind aus Südwest nach. Der Badewanneneffekt beginnt: Das Wasser der Ostsee schwappt langsam wieder zurück von Ost nach West. Am 11. November beginnt ein tagelanger Sturm aus Nordost zu toben und drückt das zurückströmende Wasser noch stärker nach Südwesten. Die aufgetürmte Ostsee kommt als riesiger Wellenberg zurück. In der Nacht vom 12. auf den 13. November wird der Nordoststurm mit Windstärke 12 zum Orkan. Mit brachialer Gewalt rollt der Orkan mitten in der Nacht auf die Küste zu, begleitet von Schneegestöber und Gewitter.

Schiffe, die seinen Weg kreuzen, zerschlägt er wie ein Kinderspielzeug. Einzelne Wellenbrecher sind bis zu sieben Meter hoch.
Die Eckernförder Bucht ist nach Nordosten weit offen und wirkt wie ein Trichter; an dessen Ende liegt Eckernförde ungeschützt am Ufer. Zwar gibt es 1872 auch schon einen „Wachdienst" an der Ostseeküste. Dieser versagt offensichtlich: Die Wächter denken zuerst nur an sich, rennen in ihre Wohnungen und wollen ihr Eigentum in Sicherheit bringen, statt möglichst schnell die bedrohten Menschen zu warnen.

Eckernförde im November 1872

Die Hafenstadt hat schwere Zeiten hinter sich. Jahrhunderte lang war Eckernförde der bedeutsamste Warenumschlagsplatz der westlichen Ostsee, vor allem für Getreide. Doch der Kanalbau, der als Vorgänger des Nord-Ostsee-Kanals seit 1784 die Ostsee mit der Nordsee verbindet, veränderte alles, Eckernförde war aus dem Rennen und erlebte einen wirtschaftlichen Niedergang mit bitterer Not. Im Jahr 1872 leben in der kleinen Stadt etwa 4 600 Menschen; im angrenzenden Borby um die 1 000 Menschen. Seit einiger Zeit gibt es wieder mehr Arbeit. Eckernförde ist auf dem Weg, im Norden die Hauptstadt der Fischräucherei zu werden – dem Hering und der Sprotte sei Dank. „Ut Silver Gold maken" ist das Motto: die silbernen Fische goldgelb zu räuchern.

11. November 1872

Das Wasser steigt und steigt am 11. November, plätschert schon etwas über das Ufer. Am Abend sind manche Menschen in Eckernförde besorgt. Andere winken ab; es hat immer wieder Hochwasser gegeben, das ist alles nicht dramatisch, sagen sie. Doch vielen ist mulmig zumute – dieses Mal ist es anders als sonst.

Die Fischer stehen am Hafen in ihren hohen Stiefeln und ihrer Seemannskleidung, auf den Köpfen ihren Südwester – einen wasserdichten und sturmtauglichen Regenhut. Sie wissen nicht so recht, ob sie diese Nacht auf das heute so wilde Meer hinausfahren sollen.

12. November 1872

Der Wind aus Nordost wird am 12. November immer stärker. Das Hochwasser steigt immer weiter. Abends stehen in Borby schon der Uferweg und die Anlagen unter Wasser. Ein aufgeschütteter Steindamm zwischen dem Noor und dem Hafen ist die einzige Verbindung zwischen Eckernförde und dem nördlich gelegenen Borby. Das Wasser steht schon fast an dessen Unterkante; im Damm sieht man schon Löcher, die die Ratten gegraben haben.
Einige Menschen in den niedriger gelegenen Straßen bringen sich im Dachboden vorerst in Sicherheit oder verlassen ihre Häuser. Viele harren noch aus, dichten ihre Türen mit Sandsäcken ab.

13. November 1872

Am frühen Morgen des 13. November steigert sich der schwere Sturm zum wilden Orkan. Der Wasserpegel steigt rasant, schnell stehen alle Straßen am Hafen unter Wasser. Gerade noch rechtzeitig steigen viele Menschen in Ruderbooten und fliehen. Die Wassermassen schlagen mit voller Wucht an Land und finden reiche Beute. Am Hafen zerlegen sie die Fischerboote und die Schuppen. Sie klatschen gegen die Hauswände, kriechen empor und dringen in die Wohnungen ein, nehmen Kleidung und alles mit, was nicht niet- und nagelfest ist – und bringen manche Häuser zum Einsturz. Bange Blicke richten sich auf den Damm: Wird er den stürmischen Wellen, den gewaltigen Wassermassen standhalten? Er wird gesperrt, niemand darf ihn passieren.

Gegen 8 Uhr gibt es einen großen Knall. Eine Fontäne aus Wasser, Steinen und Sand steigt in die Luft – der Damm ist zusammengebrochen und wird in kurzer Zeit vollständig weggespült. Das Wasser hat nun freie Bahn, ein mächtiger Strom ergießt sich in das westliche Noor. Mit sich führt er viele Fischerboote; auf einigen von ihnen sitzen auch noch die Fischer, die sich glücklicherweise retten können und alle am Leben bleiben. Dazu Bretter und Balken, Kisten und Kommoden, Bettwäsche und alles Mögliche aus den Häusern. Auch das Borbyer Badehaus reißt er mit. Das dicke Rohr für die Gasleitung in die Stadt hat durch den Damm geführt und ist nun durchgebrochen.
Durch den Dammbruch sinkt der Wasserpegel in der Stadt, viele atmen auf. Doch als das Wasser im Noor so hoch steht wie am Hafen, steigt der Wasserstand schnell wieder an, unerwartet schnell, und die Wucht der Wellen ist noch stärker als zuvor.
Für die Menschen in den Häusern am Hafen ist nun höchste Eile geboten. Sie flüchten sich auf den Hausboden. Schon bald kommt Hilfe. Die Fischer, die ihre Boote nicht verloren haben, bringen die Menschen in die höher gelegenen Straßen. Dort finden viele nun Obdachlosen eine hilfsbereite Aufnahme; die anderen finden einen Platz in der Kaserne. Auch die Feuerwehrleute helfen; sie evakuieren auch die Menschen aus dem Krankenhaus nahe am Ufer. Oft ist keine Zeit mehr, auch noch den Hausrat mitzunehmen, denn die Häuser drohen einzustürzen.
Die Helfer arbeiten pausenlos und unermüdlich – es ist ein Wettlauf gegen die Zeit.
Am Morgen lässt der Sturm schlagartig nach. Das Wasser steht in Eckernförde über drei Meter höher als normal.
Die Straßen sind voller Schlamm und Schlick. In den Gassen nahe am Wasser ist kaum ein Stein auf dem anderen geblieben. Ein Bild des Elends bietet sich. Wo vorher Häuserreihen standen, liegen jetzt Trümmer und Steinhaufen, dekoriert mit viel Seetang und Sand. Manche Häuser haben ihre Dächer verloren, andere Dächer ihre Häuser, stehen auf der Erde. Trümmer, überall Trümmer, wohin

der Blick auch fällt. Das gesamte Stadtgebiet ist überflutet. Viele ertrunkene Kühe, Schweine, Schafe und Pferde liegen auf den Straßen.
Am Südstrand ist erst 1870 das Süderdenkmal errichtet worden, um an den glanzvollen Sieg über Dänemark von 1849 zu erinnern. Die vier Säulen sind abgebrochen, das prachtvolle Dach ist auf dem Boden gelandet. Zum trostlosen Trümmerhaufen hat sich das stolze Denkmal gewandelt.
Bis um 16 Uhr steigt das Wasser, hat nun mit 3,30 Meter über Normalnull seinen Höchststand erreicht. Dann fängt es wieder an zu sinken, schon um Mitternacht hat es wieder den Normalstand erreicht.
Am Abend liegt die Stadt unbeleuchtet im Dunkeln, weil kein Gas mehr fließt. Die Menschen zünden Kerzen an. Der eine oder andere Plünderer ist auch im Schutz der Dunkelheit unterwegs.
Nicht alle gehören zu den Verlierern. In den Archiven der Amtsgerichte sind Schuld- und Pfandprotokolle vernichtet.

Viele Tote an der Ostseeküste

Die nach Nordosten weit offene Eckernförder Bucht hat dafür gesorgt, dass Eckernförde am schwersten von allen deutschen Küstenorten getroffen worden ist. Aber Glück im Unglück: Kein einziger Mensch ist in Eckernförde bei der Flut ums Leben gekommen. Das stetig steigende Wasser hat dafür gesorgt, dass sich die besonders bedrohten Menschen gerade noch rechtzeitig in Sicherheit gebracht haben.
Anderswo kam die Flut überraschend in der Nacht. An der gesamten Ostseeküste sterben mindestens 271 Menschen durch das Sturmhochwasser. Sie ertrinken, auch weil Schiffe versinken, oder ihr einstürzendes Haus erschlägt sie. Rund 3 000 zerstörte oder stark beschädigte Häuser machen etwa 15 000 Menschen obdachlos. Über 10 000 Haus- und Nutztiere ertrinken in den Wassermassen.

Die Überlebenden stehen vor einem Existenzkampf – oft gibt es kein Trinkwasser mehr durch versalzene Brunnen, oft nichts mehr zu essen durch zerstörte Fischerboote, durch versalzene Weiden und Äcker, durch vernichtete Erntevorräte.

Eckernförde nach der Katastrophe

In der Stadt und entlang dem Borbyer Ufer sind an die 4000 Menschen vom Hochwasser betroffen. 78 Häuser werden zerstört, 138 beschädigt, 112 Familien werden obdachlos.

Das Ausmaß der Schäden ist unermesslich. Es fehlt an allem, besonders an Trinkwasser, denn das Salzwasser hat das Wasser der Brunnen unbrauchbar gemacht, aber auch an Essen und Brennmaterial. Die meisten Fischer haben ihre Boote und Netze verloren und können nicht zum Fischfang ausfahren. Doch schnell leisten viele Menschen in der Stadt selbst und rundherum Hilfe. Nahegelegene Bauernhöfe und Gutshöfe schicken Essen und Brennholz. Viel Wasser wird in die Stadt transportiert. Beim Aufräumen helfen Bauern mit ihren Fuhrwerken und ihren Knechten.

Schon am 14. November kommen Soldaten aus Kiel und Rendsburg. Sie helfen beim Aufräumen und bauen eine Pontonbrücke, quasi eine schwimmende Brücke aus mehreren Booten; diese schafft bereits am Abend des 15. Novembers wieder eine Verbindung mit Borby.

Am 16. November kommt der Regierungspräsident und verschafft sich in Begleitung des Landrats und des Bürgermeisters ein Bild von der Lage. Ein Regierungsbaumeister wird nach Eckernförde entsandt, damit die Aufräumarbeiten zügig vorangehen und die Verkehrswege wieder zur Verfügung stehen. Die Straße nach Kiel – die Kieler Chaussee – war weggespült worden und soll möglichst schnell wieder befahrbar werden. Über den Hafen lässt die Regierung auf ihre Kosten eine hölzerne Notbrücke ans Borbyer Ufer legen; kurz vor Weihnachten wird sie fertig. An der Stelle des Stein-

damms transportiert eine Fähre die Fußgänger kostenlos über das Wasser.
Mit den Lehrern der örtlichen Bauschule inspiziert der Baumeister die beschädigten Häuser. Einige Häuser sind einsturzgefährdet und werden gesperrt oder gar abgerissen. Einige beschädigte schöne alten Häuser wären wohl zu retten. Doch seit 1867 gehört Eckernförde zu Preußen und die preußische Verwaltung setzt eher auf den Abbruch; vermutlich erinnern die Häuser zu sehr an die dänische Zeit der Stadt, die viele Jahrhunderte dauerte. Diesen Verdacht hegen zumindest manche in der Stadt.
Der Kahlschlag bringt auch neue Chancen. Die aufstrebende Fischindustrie baut auf einem Teil der Brachfläche neue Räuchereien. Deren Gerüche sorgen bei manchen Gästen für Naserümpfen, doch die neuen Arbeitsplätze schenken vielen Menschen ein sicheres Einkommen.

Dank und Hilfe

Der Dankgottesdienst für das Überleben der Flut geht am Sonntag in der Knabenschule über die Bühne. In der Sankt-Nicolai-Kirche ist dies nicht möglich, denn die hat Schaden genommen. Der Boden hat sich gehoben und verschoben; provisorisch wird hier Sand aufgeschüttet, damit ab Dezember wieder Gottesdienste möglich sind. Die Kanzel ist beschädigt. Grabsteine wurden von den Fluten davongeschwemmt, darunter auch der des berühmten Grafen Saint Germann. 1875 wird die ganze Kirche renoviert.
Das „Königliche landwirtschaftliche Ministerium" schickt Fischernetze. Verschiedene Spendensammlungen laufen in Eckernförde, schon am 17. November wird eine Hauskollekte eingesammelt. Im gesamten Deutschen Reich, das sich nach siegreichen Kriegen gegen Dänemark und Frankreich erst ein Jahr zuvor gebildet hat, zeigt man Solidarität mit den Menschen an der Ostseeküste. Das neue Nationalbewusstsein sorgt für eine riesige Welle von Hilfs-

bereitschaft und Spenden. Das Helfen wird zur patriotischen Pflicht. Auch Sachspenden erreichen die Stadt. Eine Unterstützungskommission prüft die Schäden und zahlt Geld aus. Vor Weihnachten hat sich die Lage etwas beruhigt, das alltägliche Leben nimmt wieder seinen Gang.
Die zerstörte Infrastruktur wieder herzustellen, dauert allerdings seine Zeit. Für den gebrochenen Damm zum Noor wird erst 1876 ein neuer Steindamm samt Schleuse fertig.
Im Frühjahr 1873 wird in der Tiefe gutes Quellwasser entdeckt; im Laufe des Jahres entstehen einige neue Brunnen und beseitigen den Wassermangel.
Einige städtische Gebäude sind schwer beschädigt; manche sind nicht mehr zu retten. Erst Ende 1875 sind alle zerstörten Häuser wieder aufgebaut. Das eingedrungene Salzwasser hinterlässt in vielen Gebäuden Spuren und bleibende Schäden.

Rückkehr zur Normalität

Das gesellschaftliche Leben floriert wieder. Zum Geburtstag von Kaiser Wilhelm I. am 22. März 1873 wird zu einer Feier ins Hotel Stadt Hamburg eingeladen. Zum 25. Jahrestag der „Erhebung unseres Volkes für Freiheit und Recht" von 1848 geht ein großer Ball über die Bühne.
Borby ist schon seit 1831 ein anerkanntes Seebad. Promenade, Bäder, Häuser und Gärten für die Sommerfrischler werden zügig renoviert oder neu und schöner gebaut. Die Badesaison 1873 lockt noch mehr Gäste an als zuvor, darunter auch Schaulustige, die die Spuren der großen Katastrophe sehen wollen.
Im November 1882 gedenkt die Stadt der Jahrtausend-Sturmflut zehn Jahre zuvor. Und fordert zu Spenden auf: In Tirol hat eine Wasserflut große Schäden angerichtet. Im Westen Deutschlands treten durch eine Regenflut der Rhein und seine Nebenflüsse über die Ufer.

Die Spuren der Sturmflut

Die Sturmflut hat ihre Spuren hinterlassen im Angesicht der Stadt und im generationenübergreifenden Gedächtnis ihrer Bewohner. In der Straße Jungfernstieg sind sämtliche Häuser auf der Stadtseite erst ab 1875 wieder neu gebaut worden. Einige Häuser in Eckernförde zeigen den erschreckenden Pegelstand von 1872 an, als die Stadt noch etwas tiefer lag und das Wasser über drei Meter hoch stand. Hochwassermarken gibt es unter anderem an den Gebäuden Rathausmarkt 1, Frau-Clara-Straße 12, Jungfernstieg 36 und 43 a. In der St.-Nicolai-Kirche trägt der bronzene Taufstein eine entsprechende Kerbe. In der Kirche hängt das beeindruckende Sintflutbild von 1632, das auch an ein Hochwasser erinnert und zu Buße und Besinnung mahnt.

Hochwasserschutz

So ein Wetterphänomen wie 1872 gab es zuvor wohl noch nie und hat es auch seither nicht mehr gegeben, es war ein Jahrtausendereignis. Der Pegelstand von 1872 wurde seither auch nicht mehr annähernd erreicht. Doch die Sturmflut vom Oktober 2023 zeigte wieder einmal die zerstörerische Macht des Wassers. In Eckernförde stieg es auf 2,15 Meter über den mittleren Wasserstand, in Flensburg gar auf 2,27 Meter – ein Wert, der seit über 100 Jahren nicht mehr erreicht wurde.

Im Gegensatz zur häufig stürmischen Nordsee gibt es an der meist sanften Ostsee weiterhin keine Deiche und andere Bauwerke, die ein solches extremes Hochwasser stoppen könnten. Die Kosten wären immens hoch. Allerdings sorgt auch der steigende Meeresspiegel durch die Klimaerwärmung dafür, dass die Küstenorte in den Hochwasserschutz investieren müssen; auch Eckernförde tut dies.

Heute leben viel mehr Menschen als früher an der Ostseeküste. Im

Falle des Falles wären viel mehr Menschen in Lebensgefahr. Doch gibt es heute gute Warnsysteme – Gott sei Dank.
Manche Segler und Fischer bestechen den Meeresgott Neptun, zu Beginn ihrer Ausfahrt schütten sie für ihn im Eckernförder Hafen einen Schluck Schnaps über Bord. Er soll keinen Sturm losbrechen und soll einen guten Fang bescheren.

Das blaue Band durchs ganze Land

Der Bau des Nord-Ostsee-Kanals

Die Ostsee und die Nordsee trennen an den schmalsten Stellen in Schleswig-Holstein nur etwa 50 Kilometer Land. Fährt man wie vor 1000 Jahren die Wikinger von der Ostsee die Schlei entlang bis Haithabu und später ab Hollingstedt auf der Treene und auf der Eider zur Nordsee, liegt dazwischen nur ein Landweg von 18 Kilometern. Stattdessen mit dem Schiff um die Nordspitze von Dänemark herumzufahren, um das „Kap Horn des Nordens", ist wegen der Stürme gefährlich; viele Schiffe gehen dort unter. Und die Reise ist je nach Route um bis zu 800 Kilometer länger. Wie schön wäre es, würde ein durchgehender Wasserweg die beiden Meere verbinden – so träumen wohl schon die Wikinger, wenn sie mit Ochsengespannen ihre leichten Schiffe und ihre schweren Waren über schlecht befestigte Landwege ziehen.

Der Vorgänger

Im Laufe der Jahrhunderte denken immer wieder Menschen über eine solche Wasserstraße nach. Der dänische König Christian VII. schafft es schließlich: 1784 ist der Schleswig-Holsteinische Kanal fertig; ab 1853 heißt er Eider-Kanal. Das 34 Kilometer lange, größte in Europa bis dahin je erstellte Bauwerk führt von Kiel nach Rendsburg; dann geht es auf dem Fluss Eider 130 Kilometer weiter bis zur Nordsee bei Tönning.
Die Fahrt dauert allerdings drei bis vier Tage. Das Wattenmeer der Nordsee, in das man dann kommt, ist für die Schiffskapitäne schwer berechenbar. Wer verderbliche Ware transportiert, kann sie in dieser Zeit noch nicht für längere Zeit konservieren. Der Kanal ist nur knapp 29 Meter breit und 3,50 Meter tief. Für die Schiffe im 18. Jahrhundert ist er groß genug, aber nicht mehr für die großen Dampfschiffe, die schon bald danach gebaut werden.

Die Vorgeschichte

Für einen neuen, größeren Kanal, für eine „Schnellstraße“ gibt es gute wirtschaftliche Gründe. Nach der Bildung des Deutschen Reiches 1871 nehmen die Pläne Fahrt auf. Reichskanzler Bismarck will der ganzen Welt zeigen, was die Deutschen können; ein moderner Kanal wäre Teil der nationalen Machtpolitik. Die Industrie wächst rasant, braucht dringend mehr Rohstoffe und Absatzmärkte. Der deutsche Handel nach Übersee expandiert; dort hat Deutschland auch Kolonien erobert. Die bisher vergleichsweise kleine Kriegsmarine muss deshalb stärker werden. Die deutschen Schiffe sollen schnell zwischen Ostsee und Nordsee verkehren können, ohne dabei am feindlichen Dänemark vorbeifahren zu müssen. Das militärische Argument wird immer wichtiger und drängt die Aspekte der zivilen Nutzung in den Hintergrund.
Doch es gibt auch Gegenwind – ausgerechnet vom obersten Militär, von Generalfeldmarschall Helmuth Graf von Moltke. Der würde das Geld lieber in eine zweite Flotte stecken, dann hätte er eine in der Ostsee und eine in der Nordsee.
Die Planer wollen den Kanal zunächst in der Eckernförder Bucht in die Ostsee münden lassen; später wird Kiel-Holtenau als Endpunkt bevorzugt. Der Reichstag beschließt 1886 den Neubau. Die oppositionelle SPD stimmt auch dafür, weil viele Arbeitsplätze entstehen.

Der Grundstein und das Drei-Kaiser-Jahr

Im Juni 1887 macht sich der hochbetagte, 90-jährige Kaiser Wilhelm I. auf in die nördliche Provinz. In Kiel-Holtenau legt er mit den obligatorischen drei Hammerschlägen den Grundstein für das ehrgeizige Bauprojekt. Sein Enkel Wilhelm ist auch dabei. Bald hat er noch viel, viel mehr mit der Großbaustelle zu tun, denn 1888 wird zum Drei-Kaiser-Jahr. Kaiser Wilhelm I. stirbt im März. Sein

Sohn Friedrich besteigt als Friedrich III. den Kaiserthron, doch er ist bereits von seiner schweren Krebserkrankung gezeichnet und stirbt kurz nach seinem Vater. Neuer Herrscher wird Wilhelm als Kaiser Wilhelm II.

Das Meisterwerk der Ingenieurskunst

Das wichtigste Bauvorhaben des Deutschen Reiches wird zum größten Bauwerk Norddeutschlands. Fast 100 Kilometer lang, 67 Meter breit und neun Meter tief wird der neue Kanal; den Ingenieuren gelingt ein Meisterwerk. Die Industrialisierung hat großen technischen Fortschritt gebracht. Anders als beim Vorgängerbau stehen modernste Maschinen zur Verfügung: Kräne, Bagger, Schleppdampfer, Dampfpumpen, Lokomotiven und Kippwagen. Die Arbeiter setzen über 80 Millionen Kubikmeter Erdreich um.
Auf seiner gesamten Länge hat der Kanal denselben Wasserstand, ist ein stehendes Gewässer ohne Fließgeschwindigkeit. Riesige Schleusen in Brunsbüttel und Kiel schirmen ihn ab gegen die wechselnden Wasserstände der Elbe und der Ostsee – gegen Gezeiten und gegen Stürme.
Im Westen liegt das Wasser des Kanals höher als das flache Land hinter den neu errichteten Deichen. Der Untergrund ist sumpfig und moorig, ein Deichbruch ist eine stete Bedrohung für die Menschen, die dort leben. Um den Boden trocken zu legen, schneiden die Arbeiter die Grasnarben auf, schütten riesige Mengen Sand hinein, pressen ihn fest und verdrängen damit den Moorboden. Mit vielen Millionen Pflaster- und Mauersteinen befestigen sie den Uferbereich. Immer wieder gibt es Rückschläge, rutscht die Uferbefestigung ab.
Im Osten sind die Hügelketten im Weg, die durch die Eiszeiten entstanden sind. Für den Kanal wäre zudem fester Felsboden ideal; der ist aber Mangelware. Im Sand- und Lehmboden liegen viele große Findlinge und erschweren die Erdarbeiten.

Der Kanal verbindet und trennt

Der Neubau braucht, verbraucht viel Land. Über 13 Millionen Quadratmeter muss das Deutsche Reich erwerben; der Kaufpreis für die privaten Eigentümer ist fair. Wer nicht verkaufen will, wird enteignet und dafür entschädigt.

Der Kanal verbindet die Meere. Aber für die Menschen hat er eine einschneidende Wirkung: Er zerschneidet die Lebensräume der Menschen – zerschneidet Ortschaften und Gemeinden, Wege und Bahnstrecken, zerschneidet fast das ganze Land. In Sehestedt führt die neue Wasserstraße mitten durch das Dorf, teilt es in eine Nordhälfte und eine Südhälfte.

Nun braucht es schnell neue Verbindungen über das Wasser. Sieben Brücken werden gebaut; diese Bauwerke sind eine kolossale Herausforderung für die Baumeister und die Arbeiter. Im Abstand von etwa fünf Kilometern werden schnell insgesamt 16 Fähren eingerichtet, die in damals noch von Fährleuten mit einem Seil von Hand auf die andere Seite gezogen werden müssen und als Lastkähne Menschen, Tiere, Fuhrwerke oder Waren transportieren. Damit das Volk nicht gar so schlimm murrt, ordnet Kaiser Wilhelm II. an, dass die Fähren kostenlos benutzt werden dürfen. Und so ist es bis heute; die Kosten trägt der Bund.

Schleswig-Holstein liegt am Rande Deutschlands und ist in dieser Zeit von der Landwirtschaft bestimmt. Der Nord-Ostsee-Kanal erhöht die Bedeutung des Landes und löst auch neue Industrieansiedlungen aus.

Die Arbeiter

Bis zu 9.000 Arbeiter werden auf der Großbaustelle gebraucht. Menschen aus ganz Deutschland kommen. Wirtschaftsmigranten aus aller Welt kommen als Gastarbeiter; über diese Fremden im Land ärgern sich manche Einheimische. Besonders begehrt beim

Kanalbau sind die jungen Italiener; sie haben schon den Gotthard-Tunnel gebaut, sind Fachleute für das Sprengen von Felsen und verstehen etwas von Statik.

Auch Frauen kommen und fragen nach Arbeit, doch sie sind ausdrücklich ausgeschlossen, können nur als Hauswirtschafterinnen den Männern dienen.

Die Arbeitsbedingungen sind vergleichsweise gut. Der durchschnittliche Tageslohn für eine 12-Stunden-Schicht liegt bei 3,30 Mark – für Alleinstehende recht ordentlich, für die Ernährung einer ganzen Familie aber mager. Für 65 Pfennig am Tag schlafen die Menschen in modernen Barackenlagern entlang des Kanals mit sanitären Anlagen und erhalten in Speisesälen eine ordentliche Verpflegung, wie sie für Soldaten im Krieg festgelegt ist. Ärzte der Marine betreuen die Arbeiter gesundheitlich und achten auf Hygiene; ein Ausbruch der Cholera, die 1892 in Hamburg viele Tote fordert, wird dadurch schnell eingedämmt. Geistliche der Kirchen betreuen die Menschen seelsorgerlich. Zum Leidwesen mancher müssen alle Arbeiter als Ausweis ein Blechschild an ihre Mütze heften, das auf sie wie eine Hundemarke wirkt.

Die Prostitution ist ebenso unerwünscht wie die Politik: Politische Agitation ist ebenso verboten wie die Mitgliedschaft bei den Sozialdemokraten. Dies hindert die Arbeiter nicht daran, als sie für weniger Geld mehr arbeiten sollen, um die Bauzeit und den Kostenplan einzuhalten, mit Streik zu drohen – mit Erfolg. In Abwandlung eines sozialdemokratischen Liedes heißt es nun: „Der Kanal steht still, wenn unser starker Arm es will." Sehr viele Kanalarbeiter wählen bei den Reichstagswahlen 1890 und 1893 die SPD.

Der Druck ist ohnehin hoch; Aufseher überwachen die Arbeiter. Das Jahrhundertprojekt ist ein Kraftakt mit schweißtreibender Arbeit im oft unwegsamen Gelände. Von Montag bis Samstag schuften die Menschen zehn Stunden am Tag. Unermesslich viel harte Handarbeit ist mit Schaufel und Spitzhacke zu verrichten, trotz der Maschinen; diese sind für sumpfige oder sandige Böden zu schwer. Die Arbeit ist gefährlich, nicht nur bei Sprengungen. Uferböschun-

gen rutschen ab, mit ihnen Granitblöcke und Bagger. Im Kanal droht das Ertrinken. Wohl etwa 90 Menschen sterben bei Arbeitsunfällen.
Nachdem das Bauwerk fertig ist, bleiben viele der Arbeitsmigranten in der Region, haben hier ihre neue Heimat gefunden.

Die Einweihung

Das dreitägige Fest zur Eröffnung 1895 fällt prunkvoll und pompös aus. Viele inländische und ausländische Gäste sind eingeladen, darunter viele gekrönte Staatsoberhäupter; auch der russische Zar ist gekommen. In Hamburg gibt es ein Festessen im Rathaus. Auf der Alster ist eine große Insel auf Pfählen erbaut worden, zu dem einzigen Anlass, dass Kaiser Wilhelm II. dort mit seinen hochwohlgeborenen Gästen Kaffee trinken kann.
Als erstes Schiff fährt die Kaiserjacht „Hohenzollern" in den Kanal bei Brunsbüttel, gefolgt von Schiffen aus aller Welt, durchschneidet ein Band, das über den Kanal gespannt ist, und eröffnet damit den Kanal. Tausende von Untertanen säumen die Strecke und bejubeln ihren Kaiser. Nach achteinhalb Stunden erreicht der Schiffskorso Kiel-Holtenau, den Ort der offiziellen Eröffnungszeremonie; Kriegsschiffe feuern zur Begrüßung Salutschüsse ab.
Auf dem festlich geschmückten Festplatz sind Tribünen aufgebaut und ein großes Zelt in der Form eines Segelschiffes; über 1.000 adlige Gäste speisen hier fürstlich an langen Festtafeln, die mit über 100.000 Rosen geschmückt sind.
Mit den traditionellen Hammer- und Kanonenschlägen legt der junge Kaiser in seiner weißen Paradeuniform den Schlussstein. Bei der Taufe sorgt er für eine große Überraschung bei den Gästen. In allen Unterlagen und auch auf den eigens für die Eröffnung geprägten Gedenkmedaillen steht Nord-Ostsee-Kanal, doch der Kaiser tauft ihn, vermutlich spontan, auf den Namen Kaiser-Wilhelm-Kanal, benennt ihn ausdrücklich nach seinem Großvater. Und – wun-

derbarer Nebeneffekt – damit auch nach sich selbst, denn er ist ja auch ein Kaiser Wilhelm.
Die Feierlichkeiten schlagen mit fast zwei Millionen Mark zu Buche, nach heutigem Wert weit über 100 Millionen Euro. Verewigt sind sie in einem Stummfilm des Engländers Birt Acres – der wohl erste Dokumentarfilm, der je in Deutschland gedreht worden ist.

Die Steuer zur Finanzierung

Genehmigt wurde das gigantische Bauwerk mit 156 Millionen Mark. Und welch Wunder: Nicht nur der enge Zeitplan, auch der strenge Kostenrahmen wird eingehalten. Was man von Großprojekten unserer Zeit nicht behaupten kann; damals spielen allerdings Naturschutz oder Arbeitsrecht nicht die heutige Rolle.
Schleswig-Holstein ist eine preußische Provinz. Preußen zahlt 50 Millionen; den Rest finanziert das Deutsche Reich zunächst auf Pump, durch Anleihen und Kredite. Erst 1902 erfindet der Kaiser eine neue Steuer und führt sie rückwirkend ein – die Schaumweinsteuer. Nicht nur den Kanal, auch die steigenden Kosten der Kriegsmarine soll sie finanzieren. Diese Sektsteuer gibt es noch heute; das edle Getränk fließt in die Gläser und Münder, das Geld fließt ohne besondere Zweckbestimmung in den Bundeshaushalt.

Der Geburtsfehler und die Erweiterung

„Deutschlands Zukunft liegt auf dem Meer“, ruft Kaiser Wilhelm II. 1896 aus. Die Kriegsflotte ist sein Steckenpferd. Deutschland will Großmacht, will Weltmacht werden und tritt vollends in den Konkurrenzkampf mit Großbritannien und anderen europäischen Großmächten. Der deutsche Kaiser und der englische König sind Cousins und liefern sich ihren persönlichen Wettstreit. Die Kriegsschiffe werden immer größer und passen bald nicht mehr durch

den Kanal. Auch die zivile Schifffahrt entwickelt sich stürmisch. Kaum mit einer Riesenparty eröffnet, ist der große Kanal schon zu klein.
Bereits von 1907 bis 1914 kommt bei laufendem Betrieb ein großer Ausbau, der mit 242 Millionen Mark weit mehr Geld verschlingt als der Neubau zuvor. Die neuen Schleusen in Brunsbüttel und Holtenau gelten in dieser Zeit als die größten auf der ganzen Welt und sind noch heute im Einsatz.
Die 42 Meter hohe und fast zweieinhalb Kilometer lange Rendsburger Hochbrücke von 1913 ist bis 2012 die längste Eisenbahnbrücke Deutschlands. Und sie ist in ihrer Zeit die größte Stahlkonstruktion der Welt; da kann auch der Eiffelturm nicht mithalten. Die Brücke trägt auch die Schwebefähre unter ihr, auf der Fußgänger und Fahrzeuge den Kanal überqueren können.
Kaum ist der Ausbau im Sommer 1914 halbwegs fertig, beginnt der Erste Weltkrieg; er wäre der erste Ernstfall für den Kanal. Doch diesem ist eine große Gefahr erwachsen durch eine Neuentwicklung – die Flugzeuge! Würden diese die Schleusen bombardieren und beschädigen, wären Kriegsschiffe im Kanal eingeschlossen. Gebaut wurde er vor allem für das Militär, doch nun ist er für diesen Zweck weitgehend nutzlos – die Ironie der Geschichte.
Die Deutschen verlieren den Krieg. Der Versailler Vertrag von 1919 erklärt den Kanal zu einer internationalisierten Wasserstraße; den Schiffen aller Nationen, die mit Deutschland Frieden haben, steht er offen.
Die Deutschen verlieren auch den Zweiten Weltkrieg. Die Alliierten ordnen 1948 an, dass der Kaiser-Wilhelm-Kanal umbenannt wird in seinen ursprünglich vorgesehenen Namen Nord-Ostsee-Kanal. International heißt er Kiel Canal, wie schon zuvor.
Die Schiffe werden immer noch größer, die Erosion der Unterwasserböschung wird stärker. Ab 1965 wird der Kanal streckenweise nochmals deutlich verbreitert auf 162 Meter.

Schneeweiße Traumschiffe

Der Nord-Ostsee-Kanal wird gern als NOK abgekürzt und darf dann nicht mit dem Nationalen Olympischen Komitee verwechselt werden. Er gehört heute zu den drei großen künstlichen interozeanischen Wasserstraßen; der Suez-Kanal wurde 1869 fertig, der Panama-Kanal 1914. Der NOK steht auf Platz eins, ihn befahren um die 30.000 Schiffe im Jahr; die Zahlen gehen etwas zurück. Täglich kommen etwa 80 Schiffe vorbei – große Frachtpötte oder schneeweiße Traumschiffe, die man aus allernächster Nähe beobachten kann. Das Betrachten ist komfortabel, denn diese schippern gemütlich vorbei: Es gilt eine Höchstgeschwindigkeit von inzwischen einheitlich zwölf Stundenkilometern. Für eine sichere Navigation muss jedes Frachtschiff und jedes große Passagierschiff einen separaten Lotsen an Bord nehmen. Die Kanalfahrt dauert um die acht Stunden.

Der befestigte Betriebsweg am Kanal ist auf beiden Seiten fast durchgängig freigegeben für Menschen, die gern wandern oder steigungsfrei Rad fahren.

Die Wiege der Revolution
Kiel und der Matrosenaufstand 1918

Deutschland im Oktober 1918. Der Erste Weltkrieg dauert schon über vier Jahre und hat unsagbar viele Tote gefordert. Viele Menschen hungern, durch Missernten, durch Misswirtschaft, durch die britische Seeblockade. Sie sind erschöpft, kriegsmüde, oft hoffnungslos.
Militärisch ist der Krieg längst verloren, auch wenn er noch nicht auf deutschem Boden geführt wird. Die deutschen Soldaten sind demoralisiert und müssen sich überall zurückziehen. General Erich Ludendorff, neben Paul Hindenburg der starke Mann der Militärführung, hat gegenüber Kaiser Wilhelm II. und dem Reichstag zugegeben, dass die Kriegsniederlage unmittelbar bevorsteht. Zuvor wurde den Menschen stets vermittelt, ein „Siegfrieden" sei möglich; entsprechend groß ist das Erschrecken, ist die Enttäuschung. Der amerikanische Präsident Woodrow Wilson will nicht mehr mit Kaiser und Generalen über einen Waffenstillstand verhandeln; als Gegenüber fordert er eine demokratisch legitimierte Regierung. Neuer Reichskanzler wird nun der liberale Prinz Max von Baden und bildet eine Regierung mit Politikern von der SPD, der katholischen Zentrumspartei und der liberalen Fortschrittspartei – den Mehrheitsparteien im Reichstag. Damit entsteht eine Art parlamentarische Monarchie.
Indirekt fordert Wilson auch, dass der Kaiser abdankt. In Deutschland mehren sich die Stimmen im Volk, bei den Soldaten und bei den Politikern, die ebenfalls den Thronverzicht fordern. Der Kaiser zieht sich daraufhin zurück ins Hauptquartier der deutschen Militärführung im belgischen Spa; hier fühlt er sich sicherer.

Die deutsche Flotte

Die kaiserliche deutsche Hochseeflotte, der Stolz der deutschen Armee, liegt im Oktober 1918 in Wilhelmshaven. Im Mai 1916 wollte sie die britische Seeblockade durchbrechen; im Skagerrak kam es zu einer der größten Seeschlachten aller Zeiten. Die Briten

erlitten noch größere Verluste als die Deutschen, die deshalb von einem Sieg sprachen, aber nichts erreicht hatten: Die Seeblockade bestand weiter. Angriffe auf die überlegene britische Marine waren zu gefährlich und wurden vom Kaiser untersagt. Die ruhmreiche Flotte hat deshalb keine große Rolle gespielt, ist meist zur Untätigkeit verurteilt gewesen. Das wurmt die Admirale. Sie wollen ihre Ehre retten und heimlich zum letzten großen Kampf gegen die Engländer aufbrechen, nochmals alles aufs Spiel setzen, entgegen dem Willen der Regierung. Eigenmächtig ordnen sie am 24. Oktober 1918 das Auslaufen der Flotte an, sie sind zu allem bereit, auch zum „ehrenvollen Untergang".
Die Stimmung bei den Matrosen ist schon vorher schlecht gewesen. Die Verpflegung ist miserabel. Frustrierte Offiziere schikanieren ihre Untergebenen. Schon 1917 gab es Proteste und Befehlsverweigerungen – und als Folge überharte Verurteilungen, sogar einige Todesurteile.
Die Matrosen wollen sich nun kurz vor dem Ende des Krieges nicht einem Himmelfahrtskommando, einer selbstmörderischen Todesfahrt aussetzen. Sie wissen, dass Friedensverhandlungen laufen – und dass diese ein Angriff auf die britische Flotte torpedieren würde. Teile der Besatzung des I. und III. Geschwaders auf den Schlachtschiffen vor Wilhelmshaven leisten Widerstand: Die Heizer löschen die Kessel, die Matrosen verweigern den Gehorsam, halten die Schiffe besetzt und verhindern das Auslaufen; am 31. Oktober geben sie die Meuterei auf. Die Flottenführung will eine weitere Ausbreitung der Unruhen verhindern und trennt deshalb die Verbände. Das III. Geschwader wird zurück in seinen Heimathafen Kiel beordert. Über 40 Matrosen und Heizer werden als vermeintliche Rädelsführer der Meuterei verhaftet und in zwei Kieler Arrestanstalten gebracht – ihnen droht die Todesstrafe. Die fünf Schiffe „Bayern", „Großer Kurfürst", „König", „Kronprinz" und „Markgraf" mit über 5.000 Mann Besatzung laufen in der Nacht zum 1. November in den Kieler Hafen ein. Die Mannschaften erhalten großzügig Landurlaub, damit sie sich beruhigen; so soll sich

die Lage entspannen. Die Entscheidung für Kiel und für den Urlaub wird sich als kolossaler Fehler erweisen.

Kiel – die einzigartige Stadt

Kiel ist eine Stadt mit einer einzigartigen Bevölkerungsstruktur in Deutschland. Seit 1871 ist sie Reichskriegshafen und damit Sitz der Marine und der Werften. Viele Arbeitsplätze sind entstanden; aus einer Provinzstadt ist in kurzer Zeit eine Großstadt geworden. 70 Prozent der berufstätigen Menschen in Kiel sind Arbeiter; in der Stadt leben auch viele Marineangehörige. Die Spannungen zwischen Obrigkeit und Arbeiterschaft sind im Laufe des Krieges gewachsen, tragen schon etwas von einem Klassenkampf in sich. Im Januar 1918 fehlten wieder Lebensmittel und Brennstoff. Ausgehend von Kiel breitete sich damals schon eine Welle von Streiks in Deutschland aus.
Die Matrosen von den Schiffen genießen nun nicht etwa ihren gewährten Urlaub, vergnügen sich und betrinken sich in den Gasthäusern. Nein, schnell ziehen sie los und berichten den Gewerkschaften und den Sozialdemokraten vom Geschehen, von den Verhaftungen. Schnell spricht sich das in der Stadt herum. Matrosen und Arbeiter verbünden sich. Schon am 3. November bildet sich eine große Demonstration. Die Menschen marschieren zu einer Arrestanstalt und wollen die Gefangenen befreien. Die Obrigkeit wehrt sich mit Waffengewalt; schnell fallen Schüsse, es gibt sieben Tote und 29 Verletzte. Dieses Blutvergießen, diese Machtdemonstration ist aber nicht das Ende, sondern erst der Anfang der Geschichte. Die Unzufriedenheit hat sich lange angestaut. Aus der Meuterei wird nun ein Aufstand. Einige Matrosen verlassen Kiel und reisen mit der Eisenbahn in Flottenstützpunkte an der Küste und andere Städte, auch in die Hauptstadt; sie berichten von der Verhaftung ihrer Kameraden und heizen die Stimmung an. In Berlin fürchtet die Reichsregierung, dass die Unruhen sich ausweiten.

Am 4. November erfasst die aufständische Bewegung ganz Kiel. Immer mehr Soldaten verweigern den Dienst, Marineangehörige und Arbeiter solidarisieren sich. Im Laufe des Tages ist die Stadt mehr oder weniger in ihrer Hand. Für den nächsten Tag rufen die Arbeiter den Generalstreik aus. Der Gouverneur der Stadt muss einlenken und entlässt einen Teil der Gefangenen; Tausende von Matrosen empfangen ihre Kameraden in der wiedergewonnenen Freiheit. Entsandt von der Reichsregierung, kommt am Abend der sozialdemokratische Reichstagsabgeordnete und Wehrexperte Gustav Noske nach Kiel, begleitet von einem Staatssekretär, und führt erste Gespräche mit hochrangigen Marineoffizieren, Gewerkschaftern und Sozialdemokraten, aber das Ende des Aufstandes erreicht er nicht.

Soldatenrat und Arbeiterrat

In der Nacht zum 5. November geben sich die Aufständischen, die vom unerwarteten Tempo ihrer Bewegung selbst überrascht werden, eine feste Organisationsform. Die Marinesoldaten bilden einen Soldatenrat und am Morgen die Arbeiter einen Arbeiterrat, wie die Bolschewisten in der russischen Oktoberrevolution 1917, und zeigen damit auch ihren Willen zur Revolution. Allerdings haben sie keine bolschewistische Tagesordnung, sondern stehen politisch eher der Sozialdemokratie nahe. Der in der Marinestadt deutlich wichtigere Soldatenrat kümmert sich um das Militärische, der Arbeiterrat um das Zivile. Noch in der Nacht beschließt der Soldatenrat die „14 Kieler Punkte“, die auch Aufständische in anderen Städten schnell übernehmen. An erster Stelle steht die Forderung nach Freilassung aller Gefangenen; dazu kommen Forderungen nach Lockerungen der strengen Militärdisziplin und nach vollständiger Rede- und Pressefreiheit. Große politische Forderungen finden sich nicht; alles ist unglaublich schnell gegangen.
Am Morgen hissen alle Schiffe die rote Fahne, das Symbol der Sol-

daten- und Arbeiterräte. Die Stimmung in der Stadt ist explosiv. Die Aufständischen nehmen den Offizieren die Waffen ab. Es gibt viele Gerüchte. Es kommt zu einigen Schießereien mit Toten und Verletzten. Der Politiker Gustav Noske genießt das Vertrauen der Matrosen; ihn, den Zivilisten, wählen sie zum vorläufigen Vorsitzenden des Soldatenrates.

Die Reichsregierung in Berlin debattiert heftig. Sie hat Sorge vor einem Angriff der Engländer. Als Folge der von Kiel ausgehenden Unruhen bildet sie eine Verhandlungsdelegation für einen Waffenstillstand und schickt sie nach Frankreich. Manche fordern harte Maßnahmen gegen die Aufständischen in Kiel. Doch die Bewegung ist dort schon zu mächtig und findet auch schon an vielen Orten in Deutschland Nachahmer.

Die Marineführung will mit Zustimmung des Kaisers und an der Regierung vorbei den Aufstand in Kiel niederschlagen, muss aber feststellen, dass sie nicht mehr genug loyale Truppen hat. Immer mehr Stimmen verlangen immer lauter die Abdankung des Kaisers. Noske fordert Straffreiheit für die Aufständischen. Das trägt zur Beruhigung der Lage in Kiel bei, auch wenn Noske erfolglos für das Ende des Aufstands wirbt. Die Revolutionäre wollen auf keinen Fall zu den alten Verhältnissen zurückkehren. Noske vermittelt zwischen Marineoffizieren und ihren Mannschaften. Er erreicht, dass der Soldatenrat und der Arbeiterrat anerkannt und dass die meisten Waffen abgegeben werden. Auf den Straßen dürfen nur noch vom Soldatenrat autorisierte und bewaffnete Männer patrouillieren.

Kiel wird demokratisch

Akzeptiert von der Reichsregierung und auch von Matrosen und Arbeitern, ist Gustav Noske zu diesem Zeitpunkt für Kiel eine Idealbesetzung; später wird er in Berlin noch eine umstrittene Rolle spielen. Die Matrosen drängen ihn, Gouverneur und damit Stadtoberhaupt im alten System zu werden. Am 7. November lässt sich

Noske in dieses Amt wählen, hat das Kommando über die Soldaten und kann auch die Stadtverwaltung wieder ins Laufen bringen. Kiel hat den Übergang vom Kaiserreich zur Demokratie geschafft.
Die Lage ist hier nun wieder stabil. Das Leben normalisiert sich. Die Banken und erste Geschäfte öffnen wieder, die Straßenbahn fährt wieder. Die Blicke richten sich auf die Hauptstadt Berlin.

Die Revolution

Anderswo geht die Revolution erst richtig los, der Funke aus Kiel wird zum deutschlandweiten Flächenbrand. Praktisch in allen größeren Städten des Reiches übernehmen revolutionäre Arbeiter- und Soldatenräte die Macht und die Stadtverwaltungen. „Wir sind das Volk", rufen sie mancherorts. Und sie stellen nicht nur militärische, sondern immer mehr politische Forderungen. Sie verlangen Frieden, sie verlangen die Abdankung des Kaisers, sie verlangen Demokratie.
Schon am 7. November wird in Bayern König Ludwig III. zur Abdankung gezwungen, als erster Fürst im Reich; die Rätebewegung ruft die Bayerische Republik aus. Längst hat die Revolution auch die Hauptstadt Berlin erreicht, die nun von Kiel wieder die Hauptrolle übernimmt und in den Mittelpunkt des Geschehens rückt.
Für Deutschland fürchtet die Regierung „russische Verhältnisse" – eine Revolution, die wie in Russland in einen blutigen Bürgerkrieg ausartet. Am Morgen des 9. November fordert sie den Kaiser Wilhelm II. auf, sofort abzudanken. Dieser weilt weiter im Militärquartier in Belgien und klebt weiter an seinem Thron. Er hat neue Hoffnung durch den bevorstehenden Waffenstillstand: Mit den Soldaten von der Front will auch er in sein Reich zurückkehren und die Revolution in Kiel und anderswo mit Gewalt niederschlagen.
Reichskanzler Max von Baden handelt nun selbst revolutionär, um eine gewalttätige Revolution zu verhindern. Er verkündet öffentlich, der Kaiser habe abgedankt – was gar nicht stimmt. Und er

übergibt sein Amt des Reichskanzlers an Friedrich Ebert von der SPD – was er gar nicht darf: Nur der Kaiser kann laut Verfassung die Regierung ernennen.
Am Nachmittag ruft der SPD-Abgeordnete Philipp Scheidemann die erste Deutsche Republik aus. Kurz danach proklamiert der Kommunist Karl Liebknecht die Freie Sozialistische Republik.
Kaiser Wilhelm II. flieht am 10. November von Belgien in die Niederlande. Dort lebt er im Exil bis zu seinem Tod 1941.

Der Waffenstillstand

Im Wald von Compiégne in Frankreich laufen seit dem 8. November die Verhandlungen für einen Waffenstillstand. Am 11. November unterzeichnet für das Deutsche Reich der Politiker Matthias Erzberger das Abkommen, das eine vollständige Kapitulation mit harten Bedingungen darstellt. Trompetensignale ertönen an den Kriegsfronten; um 12 Uhr deutscher Zeit schweigen die Waffen.

Die Weimarer Republik – die erste deutsche Demokratie

Deutschland ist tief gespalten. Die alten Eliten und große Teile des Bürgertums wollen am liebsten den „Spuk“ beenden und wieder zurück in die „gute alte Zeit“. Die radikalen Linken wollen die Revolution hin zu einer sozialistischen Rätediktatur zu Ende bringen, wie in Russland. Dazwischen stehen die gemäßigten Kräfte der Reichstagsmehrheit; sie wollen eine moderne parlamentarische Demokratie, aber keinen Umsturz der gesellschaftlichen Verhältnisse.
Im Januar 1919 versuchen radikale Linke in Berlin den Umsturz. Der neue Reichswehrminister Gustav Noske, der zuvor in Kiel er-

folgreich vermittelt hatte, lässt den Aufstand blutig niederschlagen, es gibt viele Tote. Soldaten misshandeln die Führer der Linken, Rosa Luxemburg und Karl Liebknecht, und ermorden sie.
Wenige Tage später sind die Wahlen zur verfassungsgebenden Nationalversammlung. Endlich dürfen auch Frauen wählen und gewählt werden. Die gemäßigten Parteien fahren einen großen Sieg ein. Offensichtlich will die große Mehrheit der Deutschen keinen Umsturz und auch keine Rückkehr ins Kaiserreich. In der Hauptstadt toben Straßenkämpfe, deshalb tagt die Nationalversammlung im Februar 1919 in Weimar. Dort verabschiedet sie im Sommer die Verfassung der Weimarer Republik – die erste deutsche Demokratie.
Erst die Unterzeichnung des Versailler Vertrags im Juni 1919 beendet den Krieg formell. Der Vertrag gibt dem Deutschen Reich die Alleinschuld am Kriegsausbruch, zwingt es zur Abtretung von Gebieten, zum Verzicht auf alle Kolonien und zu enormen Reparationszahlungen. Diese harten Bedingungen sorgen für große Empörung, die meisten Deutschen empfinden sie als ungerecht und demütigend – und lehnen den Vertrag strikt ab. Das Kriegsende gilt als „Schandfriede“.
Militärische und nationalistische Kreise haben längst die „Dolchstoßlegende“ erfunden, als bösartige Propaganda. Entgegen der historischen Wahrheit behaupten sie: Nicht das tapfere Heer sei schuld an der deutschen Niederlage gewesen, es sei an der Front unbesiegt geblieben. Aber im Land selbst seien Revolutionäre, Streikende und linke Politiker wie von der SPD dem Heer in den Rücken gefallen, hätten es heimtückisch von hinten erdolcht. Diese Fake News verbreiten sich im niedergeschlagenen und hungernden Nachkriegsdeutschland wie ein Lauffeuer und werden nur zu gern geglaubt. Die Politiker, vor allem die von der SPD, werden von den Rechten als „Vaterlandsverräter“ verunglimpft, von den Linken dagegen als „Arbeiterverräter“ beschimpft.
Die junge Demokratie startet unter denkbar schlechten Voraussetzungen, ist von Anfang an gefährdet. Die Wirtschaft liegt durch die

Ausrichtung auf die Kriegsproduktion am Boden. Die heimkehrenden Soldaten, unter ihnen viele Kriegsversehrte, sind demoralisiert, häufig traumatisiert; sie müssen versorgt werden. Von rechts gibt es Putschversuche, von links Arbeiteraufstände. Viele, zu viele Menschen lehnen die Demokratie ab. Als „Demokratie ohne Demokraten" scheitert die Weimarer Republik schließlich.

Eintrag in das deutsche Geschichtsbuch

Der sinnlose eigenmächtige Angriffsbefehl der Flottenführung – eine Meuterei gegen die Regierung – brachte den Stein ins Rollen. Die Matrosen in Wilhelmshaven und später in Kiel wehrten sich gegen ihre Vorgesetzten, die Offiziere, und bewiesen damit großen Mut. Erst durch die starke Unterstützung durch Soldaten und Arbeiter in Kiel wurde aus der Meuterei ein weitgehend gewaltfreier politischer Umsturz. Von hier aus erfasste die Novemberrevolution das ganze Land, bereitete den Weg für das Ende der Monarchie und den Beginn der ersten Demokratie in Deutschland. Kiel hat Geschichte geschrieben und hat sich einen Eintrag in das deutsche Geschichtsbuch redlich verdient.

Bei Nacht und Nebel

Kommunistischer Widerstand auf der Ostsee

Wer heute in der Dunkelheit der Nacht nahe bei Eckernförde ein Fischerboot auf dem Wasser entdeckt, sieht einen der wenigen heute noch aktiven Fischer.
Zwischen 1933 und 1936 fischt der Fischer hier des Nachts oft keine Fische, sondern hochgeheim und hochriskant Menschen und Papier – er bringt verfolgte Flüchtlinge nach Dänemark und schmuggelt auf dem Rückweg illegale kommunistische Schriften nach Deutschland.

Die Kommunisten

Bald nach dem Ende des Zweiten Weltkriegs beginnt der Kalte Krieg zwischen Ost und West, mit der späteren extremen Polarisierung. In der Sowjetunion spielen sich unter Stalin schlimme Geschichten ab. Die Kommunisten werden von den meisten Westdeutschen gern pauschal abgestempelt als Fanatiker, als Ewig-Gestrige. Ihr entschlossener Widerstand im Dritten Reich ist wenig präsent; sie haben Großes und Bleibendes geleistet, auch in Eckernförde.
Seit dem Ende des Kaiserreichs 1918 ist die deutsche Arbeiterbewegung tief gespalten. Die Kommunisten kämpfen für den revolutionären Umsturz, für eine Räterepublik wie in der Sowjetunion, die Sozialdemokraten für die parlamentarische Demokratie, für die Erhaltung der Republik.
Die Kommunistische Partei Deutschlands, die KPD, hat 1921 die „Rote Hilfe Deutschland" gegründet. Diese Hilfsorganisation unterstützt überparteilich politische Gefangene aus der Arbeiterbewegung sowie deren Familien materiell und juristisch und sammelt dafür Geld. Ihre politischen Kampagnen unterstützen von Fall zu Fall Prominente wie die Nobelpreisträger Albert Einstein und Thomas Mann. Dies verhilft der Roten Hilfe zu Anerkennung auch in bürgerliche Kreise hinein.

Die Diktatur

Am 30. Januar 1933 wird Adolf Hitler Reichskanzler, durch eine demokratische Ernennung – nicht durch eine „Machtergreifung", wie es in vielen Geschichtsbüchern steht. Die Machtergreifung der Nationalsozialisten beginnt dann allerdings in atemberaubendem Tempo. Und ihre Erzfeinde, die Kommunisten, bekommen das neben den Juden am stärksten zu spüren.

Am Abend des 27. Februars steht das Reichstagsgebäude in Berlin in Flammen. Am Tatort wird Marinus van der Lubbe festgenommen, ein niederländischer Kommunist. Manches spricht allerdings dafür, dass die Nationalsozialisten selbst hinter dem Brandanschlag stecken. Reichspräsident Paul von Hindenburg erlässt auf Hitlers Drängen die „Verordnung zum Schutz von Volk und Staat"; diese schränkt die Meinungs-, Presse- und Versammlungsfreiheit massiv ein.

Am 23. März tagt der Reichstag in gespenstischer Atmosphäre, die Parlamentarier sind umstellt von SA- und SS-Männern. Die gewählten Abgeordneten der KPD haben ihre Mandate bereits verloren; viele von ihnen sind schon verhaftet und in Lagern, auch einige der SPD-Abgeordneten. Mit den Stimmen der NSDAP, der Konservativen und der Liberalen beschließt das Parlament mit dem so genannten „Ermächtigungsgesetz" die eigene Entmachtung. Die Regierung unter Hitler wird ermächtigt, selbst Gesetze zu verabschieden; sie ist nun zugleich Gesetzgeber, die Gewaltenteilung ist zu Ende. Die Diktatur hat ihre rechtliche Grundlage.

Nur die Abgeordneten der SPD stimmen dagegen. Ihr Vorsitzender Otto Wels hält die letzte freie Rede im Reichstag, ein Satz geht in die Geschichte ein: „Freiheit und Leben kann man uns nehmen, die Ehre nicht."

Der Widerstand in Eckernförde

In Eckernförde und im benachbarten Borby, das 1934 eingemeindet wird, kommt es im März 1933 zu Hausdurchsuchungen und zu ersten Verhaftungen von Kommunisten. Am 6. April verhaften die Nationalsozialisten in aller Öffentlichkeit viele kommunistische und sozialdemokratische Arbeiter, die in der Torpedoversuchsanstalt arbeiten und in diesem wichtigen Rüstungsbetrieb den neuen Machthabern ein Dorn im Auge sind. Die Gefangenen kommen in „Schutzhaft" nach Schleswig und werden kahlgeschoren wie Schwerverbrecher. Nach ihrer Entlassung haben sie ihre Stellen verloren und haben nun Mühe, sich und ihre Familien durchzubringen.

Im Frühjahr 1933 geht die KPD deutschlandweit in den Untergrund, in die Illegalität, auch die Rote Hilfe. Durch die vielen Verhaftungen wird sie 1933 wichtiger denn je; auch Juden und Sozialdemokraten erfahren Hilfe.

Der Verfolgungsdruck durch die Nationalsozialisten wird immer stärker, auch in Eckernförde. Es wird immer gefährlicher und schwerer, überhaupt noch politisch zu arbeiten, Flugblätter zu verfassen und zu drucken. Die Gestapo hat überall ihre Spitzel. Und die Deutschen denunzieren so fleißig ihre Nachbarn, ihre Kollegen, ihre Ehefrauen oder wen auch immer, dass die Gestapo kaum nachkommt mit dem Ermitteln.

Die Nationalsozialisten foltern erbarmungslos und pressen Geständnisse hervor. Je weniger jemand weiß, umso besser. Die KPD hat deshalb für die illegale konspirative Tätigkeit strengste Regeln der Geheimhaltung aufgestellt; ihre Mitglieder arbeiten meist in kleinen Fünferteams. Hinweise über Adressen, Sitzungseinladungen, Treffpunkte müssen sie sich einprägen und dann vernichten, sie dürfen keinerlei belastenden Dokumente aufbewahren.

Als im Frühjahr 1945 nach zwölf Jahren das Ende des „Tausendjährigen Reiches" absehbar ist, vernichten die Nationalsozialisten massenhaft Akten. Manche Unterlagen verbrennen durch die Bombardierungen der Alliierten oder verschwinden in den Trümmern.

Und in den ersten Jahrzehnten nach dem Krieg vernichten oft Justizangehörige Akten, deren Aufbewahrungspflicht abgelaufen ist, ohne über ihre geschichtliche Bedeutung nachzudenken.
Aus diesen Gründen ist nicht allzu viel über den umfangreichen kommunistischen Widerstand bekannt.
Die im Eckernförder Widerstand aktiven kommunistischen Arbeiter, Fischer, Handwerker und ihre Frauen kennen sich meist recht gut, wohnen oft nahe beisammen; viele sind miteinander verwandt. Die Frauen spielen auch eine außergewöhnlich wichtige Rolle im Kampf für die eigenen Ideale und für die Menschen in Not. Einige Familien wissen genau, dass sie im Visier der Gestapo sind, doch sie machen mutig weiter.
Die kommunistischen und die sozialdemokratischen Arbeiter kennen sich und reden miteinander; gelegentlich sitzen sie gemeinsam im Gefängnis. Eigene widerständische Aktivitäten der SPD hat es in Eckernförde wohl nur in Ansätzen gegeben.

Die Flucht über das Wasser

Immer mehr Kommunisten sind von der Verhaftung durch die Gestapo bedroht. Ihnen hilft nur noch die Flucht, aber auch die ist hochriskant. Im Norden ist Dänemark das Fluchtland; dort gibt es schon einige aktive kommunistische Emigranten, die im Exil ihren Kampf gegen die Nationalsozialisten fortsetzen. Über die Grenzstadt Flensburg führt meist der Landweg, über Eckernförde der Wasserweg der Flucht.
Die Flüchtlinge kommen aus ganz Deutschland. In Eckernförde brauchen sie kurzfristig ein Versteck; hier stellen auch Sozialdemokraten ihre Wohnungen zur Verfügung. Die Quartiergeber wissen nichts Näheres über die Flucht, die Fluchthelfer kennen die Quartiergeber nicht. Je weniger Eingeweihte es gibt, umso geringer ist die Gefahr der Entdeckung; dies schützt die Beteiligten und ihre Familien.
Die Emigranten warten im Schutze der Dunkelheit meist am Strand

von Hemmelmark im Westen der Eckernförder Bucht. Die Fischer sind nicht alle KPD-Mitglieder. Ihre Holzboote tragen als Namen „Ecke“ für Eckernförde und eine bestimmte Zahl. Mit diesen kleinen Kuttern nehmen die Fluchthelfer meist zwei oder drei Gefährdete an Bord und bringen sie in den Laderaum, wo sie sonst ihre gefangenen Fische verstauen. Erreicht das Boot Dänemark, sind die Flüchtlinge in Sicherheit, sie werden in Sonderburg an der Außenförde abgesetzt.
Manche Emigranten bleiben dort nicht, sondern ziehen weiter in die Sowjetunion. Nachdem Deutschland 1941 das Land überfällt, haben es die deutschen Kommunisten dort schwer; einige kommen in Lager und werden umgebracht.

Die politische Schmuggelware

Die Fischer, unter ihnen Heinrich Otto, und ihre Helfer gehen auf dem Rückweg nochmals ein großes Risiko ein. Sie nehmen große Mengen von Flugblättern und anderen verbotenen Schriften an Bord und schmuggeln sie nach Deutschland.
Die Flugblätter aus Dänemark sollen möglichst schnell und möglichst unauffällig in die Eckernförder Häuser kommen. In der Nacht- und Nebelaktion spielen die Frauen eine große Rolle. Gleichzeitig ziehen viele los, meist in Zweiergruppen. Eine steckt das Flugblatt unter der Haustür durch, die andere sichert ab. Alles ist hochgefährlich; die Polizisten sind angewiesen worden, rücksichtslos von ihrer Schusswaffe Gebrauch zu machen.
Außer Flugblättern kommen auch Zeitungen und politische Broschüren. Diese tragen zur Tarnung unverfängliche Titel wie „Vogelzucht“, „Luftschutz tut not“ oder „Grimms Märchen“. Andere werden als Dünndrucke in Fischdosen, Shampoopackungen oder Fahrradschläuchen versteckt. Viel Material geht weiter in andere Städte im Norden, um auch dort verteilt zu werden; Eckernförde ist ein großer Umschlagsplatz.

Ein Transport im Oktober 1934 geht beinahe schief. Deutsche Kommunisten verpacken im dänischen Sonderburg fast 40 Kilogramm an Schriften in wasserdichte Gummisäcke und fahren in einer stürmischen Nacht im Boot in Richtung Eckernförde. Eine kräftige Windböe zerreißt ein Segel. Viel zu spät kommt das Boot an. Die Säcke sollen an einer festgelegten Boje vertäut werden und später von ihrem Kontaktmann mit seinem Fischerboot abgeholt werden. Doch die Boje ist erleuchtet, sie kann von einer Torpedostation aus mit dem Fernglas beobachtet werden. Die Männer riskieren es dennoch. Aber sie haben nicht genug Ballast, die Säcke sinken nicht, bleiben gut sichtbar an der Oberfläche. Die Schmuggler springen ins eiskalte Wasser und ziehen die Säcke an einer Leine hinter sich her bis zu einem etwas entfernten Strand, verstecken dort die Säcke am Ufer unter Büschen, schwimmen zurück zum Boot und verschwinden unbemerkt. Sie informieren den Eckernförder, der die Säcke abholt und nach Hamburg bringt. Gerade noch einmal gutgegangen …

Eines Nachts steuert bei Schleimünde ein deutscher Zollkreuzer in die Richtung eines Fischkutters mit 300 Kilogramm Schriften. Die Kommunisten entscheiden sich sekundenschnell für das Risiko, werfen die Säcke nicht ins Wasser. Das Schiff ändert leicht seinen Kurs und fährt vorbei. Glück gehabt!

Die Verhaftungen

Ende 1934, Anfang 1935 verhaftet die Gestapo einige Kommunisten; die Aktivitäten nehmen danach ab. Offensichtlich wissen die Nationalsozialisten inzwischen durch einen Spitzel sehr gut Bescheid über die kommunistischen Aktivitäten. Im Frühjahr 1936 nehmen sie im Raum Kiel, Eckernförde, Rendsburg etwa 80 Personen fest – hauptsächlich Männer; ein Widerstand von Frauen passt offensichtlich nicht ins Weltbild der Gestapo. Oft kommen die Häscher am frühen Morgen in die Häuser. Viele Verhaftete wer-

den misshandelt, manche auch gefoltert. Der Widerstand in Eckernförde, der Kampf von David gegen Goliath kommt danach weitgehend zum Stillstand.
Die Bestrafung der Kommunisten ist völlig unangemessen; es reicht schon, für die Rote Hilfe gespendet oder Beiträge eingesammelt zu haben. Die Justiz geht mit der Zeit immer willkürlicher vor; die Rechtsprechung degeneriert zur Rechtbrechung. Einige detaillierte Richtersprüche aus 1936 oder 1937 sind erhalten geblieben. Das Gericht verurteilt die Gefangenen aus Eckernförde meist wegen „Vorbereitung zum Hochverrat" zu mehrjährigen Zuchthausstrafen. Diese verbüßen die Männer häufig in Konzentrationslagern im Weser-Ems-Gebiet, in „Moorlagern" mit schwerer Zwangsarbeit. In Bürgermoor schreiben und vertonen schon 1933 drei Kommunisten hinter Stacheldraht das berührende Lied „Wir sind die Moorsoldaten", das seither zu einer Hymne des Widerstands geworden ist. Der Fischer Heinrich Otto stirbt 1940 im KZ Dachau. Hermann Ivers, ein besonders aktiver Kommunist in Eckernförde, kam schwer beschädigt aus dem Ersten Weltkrieg zurück. Für die Zwangsarbeit ist er ungeeignet; die Nazis missbrauchen ihn für pseudomedizinische Experimente, an denen er 1942 stirbt. Manche Männer, die ihre Haftzeit verbüßt haben, werden danach zwangsweise in einem Strafbataillon an die Kriegsfront geschickt, als Kanonenfutter. Auch Frauen werden in Lager gesteckt, müssen beispielsweise im KZ Ravensbrück bewusst sinnlose Schwerstarbeit leisten, nur um ihren Willen zu brechen. Doch oft halten die Frauen untereinander zusammen – und viele halten gemeinsam durch, überleben die „Hölle von Ravensbrück".

Das Kriegsende

Anfang Mai 1945 ist der Krieg zu Ende. Die Verfolgten, die überlebt haben, atmen auf. Auch in Eckernförde kommen ausgehungerte, abgemagerte Männer in zerlumpter KZ-Kleidung nach Hause. Die meisten Menschen, die lange im Gefängnis oder im Lager gewesen sind und nun entlassen werden, haben schwere körperliche Schädigungen erlitten – von den seelischen ganz zu schweigen. Doch ihren Willen brechen konnten die Nazis meist nicht, sie haben der Gewalt, der willkürlichen Barbarei, dem Sadismus von Wärtern und Aufsehern standgehalten.

Die „Wiedergutmachung"

Nach dem Krieg bemüht sich der deutsche Staat um materielle Entschädigungen für die Opfer des Nationalsozialismus. Der dafür verwendete Begriff „Wiedergutmachung" verharmlost das Ganze. Die Menschen haben Grauenvolles erlebt, Unfassbares, waren völlig wehrlos und rechtlos; das ist nicht wieder gut zu machen. Viele sterben schon bald nach dem Krieg an den Folgen ihrer langjährigen Haft. Viele sind schwer, unheilbar verletzt an ihrer Seele; doch solche psychischen, psychosomatischen Traumata erkennen die begutachtenden Ärzte meist nicht an. Ein Opfer gilt oft schon als geheilt, wenn es wieder spürbar an Körpergewicht zugelegt hat.
Die Opfer erleben neues Leid, erleben langwierige, entwürdigende, zermürbende Auseinandersetzungen im Kampf um eine materielle Entschädigung, zumal viele von ihnen nicht mehr normal arbeiten können. Erst in den Sechzigerjahren werden die Traumata aus den Konzentrationslagern langsam richtig eingeordnet. Ein arbeitsunfähiger Verfolgter aus Eckernförde erhält erst 1966 nachträglich eine Rente – 21 Jahre nach Kriegsende!
Für die Opfer ist es oft schwer auszuhalten, dass in der neuen Bundesrepublik viele alte Seilschaften aus dem Dritten Reich fortbestehen. Vor allem in der Justiz tummeln sich viele ehemalige Mitglieder der NSDAP. Helmut Lemke wurde im Mai 1933 Bürgermeister in Eckernförde und trieb als überzeugter Nationalsozialist die Verfolgung der Kommunisten voran; für die CDU wird er 1963 Ministerpräsident von Schleswig-Holstein.

Ewige und unzerstörbare Ideen

In Eckernförde erinnert auf dem Petersberg in Borby, oberhalb des Hafens, ein Gedenkstein der Gewerkschaften an die Opfer des Dritten Reiches. Nach den Kommunisten Heinrich Otto und Hermann Ivers starb auch Richard Vosgerau, SPD-Mitglied und Gemeindevorsteher in Borby bis Anfang 1933; der KZ-Häftling war in den letzten Kriegstagen im Mai 1945 an Bord des Schiffes „Cap Arcona“, das die Briten irrtümlich bombardierten.
In Extremzeiten zeigt sich, was in den Menschen steckt. Ob sie ihre dunkle Seite ausleben, wie im Dritten Reich die Folterknechte, viele Lageraufseher und NSDAP-Funktionäre. Oder ob die helle Seite erstrahlt, die Mitmenschlichkeit. Im dunklen Dritten Reich hat auch viel geleuchtet – beim selbstlosen Widerstand, bei mancher Solidarität in den Lagern. Der aufrechte Sozialdemokrat Otto Wels hat recht behalten, als er am 23. März 1933 im Reichstag den Nationalsozialisten zurief: „Kein Ermächtigungsgesetz gibt Ihnen die Macht, Ideen, die ewig und unzerstörbar sind, zu vernichten.“

Olympia auf der Ostsee

Kiel – Propaganda 1936
und Terrortrauer 1972

Schon seit 1882 gehen in Kiel große Segelregatten über die Bühne, seit 1894 als „Kieler Woche" – eines der größten Segelevents weltweit. Kein Wunder, dass Kiel sich offiziell Sailing City, Segelstadt nennt. Kein Wunder, dass die Kieler Förde schon zweimal Schauplatz von Olympia gewesen ist und es gern ein drittes Mal wäre.

Berlin und Kiel 1936

Schon 1916 soll Olympia in Berlin über die Bühne gehen, doch der Erste Weltkrieg kommt dazwischen. Das Internationale Olympische Komitee gibt 1931 Berlin den Zuschlag für die Spiele 1936. Damals ist Deutschland noch eine demokratische Republik.
Alles ändert sich, als Adolf Hitler und seine Nationalsozialisten 1933 die Macht ergreifen. Olympische Spiele sollen der Völkerverständigung und dem Weltfrieden dienen, ohne Unterschied der Rasse, Religion oder Weltanschauung. Mit diesen Gedanken fangen die Nationalsozialisten wahrlich nichts an. In Amerika und anderswo denkt man über einen Boykott nach, entscheidet sich aber dagegen. An den Spielen beteiligen sich 49 Nationen – mehr als je zuvor.
Deutschland ist bereits Gastgeber der Olympischen Winterspiele Anfang 1936; in Garmisch-Partenkirchen klappt alles perfekt.
Die Nationalsozialisten haben längst die Chance erkannt, durch Olympia in Berlin und Kiel ihr Ansehen im In- und Ausland kräftig zu mehren. Die Sportler, auch die Segler, werden im Vorfeld intensiv gefördert. Das Propagandaministerium unter Joseph Goebbels übernimmt die Organisation und inszeniert ein zweiwöchiges Spektakel, das Deutschland als überlegene Großmacht zeigen soll, die friedlich und weltoffen ist. Das beschädigte internationale Ansehen soll aufgebessert werden. Die verfolgten Juden können für kurze Zeit durchatmen. „Der Tod macht Pause", schreiben kritische ausländische Zeitungen.
In den Olympiaorten lässt Goebbels „aufräumen": Schilder, die Ju-

den das Betreten von Läden, Restaurants oder öffentlichen Gebäuden untersagen, verschwinden ebenso wie antisemitische Sprüche und die Obdachlosen. Den Medien wird für die Zeit von Olympia die sonst alltägliche Hetze gegen Juden verboten. Sinti und Roma sperren die Nationalsozialisten in ein Sammellager in Marzahn am Berliner Stadtrand. In der Nähe von Berlin bauen Häftlinge weiter das Konzentrationslager Sachsenhausen, kaum bemerkt von der Weltöffentlichkeit.
Bei der Eröffnungsfeier am 1. August 1936 schicken die Deutschen Tausende von Friedenstauben in den Berliner Himmel. Während der Spiele schickt der Diktator Hitler Soldaten nach Spanien, die auf der Seite des späteren Diktators Franco im Bürgerkrieg kämpfen. Hitler spricht schon 1936 von neuem Lebensraum für das deutsche Volk und plant insgeheim den Krieg.

Kiel bekommt einen Olympiahafen

Die ersten Olympischen Spiele der Neuzeit veranstaltete 1896 Griechenland. Schon bei den folgenden Spielen in Frankreich gab es Wettbewerbe im Segeln, das damit zu den ältesten olympischen Sportarten gehört.
Kiel hat eine große Segeltradition und wird deshalb für die Segelwettbewerbe 1936 ausgewählt. Die Nationalsozialisten überlassen nichts dem Zufall auf ihrem Weg zur großen Inszenierung. Die Kieler Woche machen sie schon 1933 zur „Reichssache" und nutzen sie 1934 und 1935 als Generalproben für Olympia 1936. Das „Sportfest des Friedens" organisiert hauptsächlich die Kriegsmarine; Kiel ist seit 1871 Reichskriegshafen.
Für die Olympiade müssen die Wassersportanlagen ausgebaut werden. Am Hindenburgufer wird ein Schwimmbad abgerissen, der Olympiahafen Düsternbrook entsteht. Daneben wird das Olympiaheim gebaut, das die Segler aus aller Welt und ihre Betreuer beherbergt. Schauplatz der Wettkämpfe ist die Innenförde.

Pompöse Eröffnung mit Sturm

Die Segler fahren am 1. August zur Eröffnungsfeier nach Berlin und leisten dort ihren olympischen Eid. Bei ihrer Rückkehr werden sie am Kieler Bahnhof von vielen Menschen begeistert empfangen.
Die deutschen Veranstalter haben eine besondere Idee für die Spiele. Erstmals in der Geschichte tragen Läufer eine brennende Fackel vom griechischen Olympia durch ganz Europa zum Austragungsort Berlin. Dort wird bei der Eröffnung das olympische Feuer entzündet.
Am nächsten Tag wird daran eine Fackel entzündet und Staffelläufer tragen sie nach Kiel. Am Abend des 3. August läuft der letzte Träger über die Bellevuebrücke am Hindenburgufer und übergibt die Fackel der Besatzung eines Kutters. Diese bringt das Licht zur Olympiakogge, dem Nachbau einer Hansekogge; in deren Mastkorb wird das olympische Feuer für Kiel entfacht. Kanonen donnern und begeisterter Jubel bricht aus. Unter Marschklängen marschieren die Segler vom Olympiaheim herbei. Viele Kieler und viele Gäste lassen sich selbst von Regen und Sturm nicht abhalten. Die Förde ist voll mit Lichtern und Lampions, auch auf vielen Booten auf dem Wasser. Kriegsschiffe beleuchten im Hafen mit ihren Scheinwerfern die Szenerie. Die Segelwettkämpfe werden pompös eröffnet. Die olympischen Fahnen steigen empor; am nächtlichen Himmel strahlen die fünf olympischen Ringe.
In der Nacht kommt ein schwererer Sturm auf. Die Olympiakogge kentert, das olympische Feuer erlischt – kein gutes Omen für dieses inszenierte Spektakel. Am nächsten Tag wird die Kogge wieder aufgerichtet und das Feuer neu entzündet. Mit Verspätung beginnen die Segelregatten.

Die Wettbewerbe mit deutschem Gold

Für die Wettfahrten melden sich Segler aus 26 Nationen an. In der Wetterlotterie zieht Kiel eine Niete – das Segeln leidet unter unbeständigem Wetter. Zuerst prasselt der Regen und weht eine steife Brise; dann verabschiedet sich der Wind und die Sonne scheint.
Vier Wettbewerbe gibt es, in den Bootsklassen Olympiajolle, Starboot, 6m-Rennklasse und 8m-Rennklasse. Das NS-Regime will der ganzen Welt die deutsche Überlegenheit zeigen. Erstmals in der Geschichte gewinnen deutsche Segler eine Goldmedaille: Peter Bischoff mit seinem Vorschotmann Hans-Joachim Weise im Starboot – vor den Augen des Führers, der an diesem Tag nach Kiel gekommen ist.
Die Wettbewerbe stoßen auf eine riesige Resonanz. Täglich strömen bis zu 10.000 Zuschauer ans Ufer der Förde. Dazu können jeden Tag bis zu 3.000 Menschen an Bord von Fördeschiffen verschiedener Reedereien und bei Begleitfahrten die Wettkämpfe vom Wasser aus verfolgen. In der ganzen Stadt stehen Lautsprecher und Schaukarten der Regattareviere; magnetisch bewegte Schiffchen zeigen den aktuellen Stand der Regatten.
Zur Schlussfeier am 12. August auf dem Festplatz bei Bellevue kommen 50.000 Menschen. Mädchen vom „Bund deutscher Mädel" überreichen den Siegern schlichte Eichenkränze; die Medaillen werden erst bei der Abschlussfeier in Berlin übergeben. Die olympischen Flaggen werden eingeholt, das olympische Feuer erlischt. In Berlin enden die Spiele am Abend des 16. August mit einer groß inszenierten Schlussfeier.

Die Bilanz des Blendens und Täuschens

Das NS-Regime erreicht im sportlichen Bereich sein Ziel, die deutsche Überlegenheit zu zeigen. Die Sportler sind hervorragend in Form, auch die Segler, und gewinnen 33 der 129 Disziplinen. Da-

mit gewinnt Deutschland die Nationenwertung deutlich vor den USA.
Zwei Ergebnisse trüben allerdings die Bilanz der Nationalsozialisten. Zum erfolgreichsten Sportler und Publikumsliebling wird ausgerechnet ein Dunkelhäutiger – der Amerikaner Jesse Owens. Und beim König Fußball scheiden die Deutschen in der Zwischenrunde gegen den Außenseiter Norwegen aus; Hitler erlebt die Niederlage im Stadion mit und tobt vor Wut.
Auch politisch sind die perfekt organisierten Spiele in Berlin und Kiel ein Erfolg; im Ausland sind viele begeistert. Deutschland hat sich in ein gutes Licht gerückt, das Blenden und Täuschen hat funktioniert.
Kaum haben die Sportler das Olympische Dorf in Berlin verlassen, wird dieses für die Armee umgebaut: Aus dem „Dorf des Friedens" wird noch im gleichen Jahr eine Infanterieschule. Ebenfalls noch im Olympiajahr 1936 legt der Diktator Hitler fest: Deutschland soll nicht mehr zu Olympiaden fahren, sondern eigene Nationalsozialistische Kampfspiele veranstalten.
Die nächsten Olympischen Spiele sollen 1940 in Japan sein. Doch am 1. September 1939 überfällt Deutschland Polen und entfesselt den Zweiten Weltkrieg. Erst 1948 gibt es wieder eine Olympiade in London.

München und Kiel 1972

Die Gräueltaten der Nationalsozialisten und die Schrecken des Zweiten Weltkriegs überschatten die Erinnerung an die Olympiade von 1936. Das Internationale Olympische Komitee vergibt im April 1966 die Sommerspiele 1972 an München. Die Bundesrepublik will zeigen, dass sie demokratisch und dass sie erfolgreich ist. Der Welt will sie „heitere Spiele" des Friedens bieten.

Segeln in Kiel oder in Travemünde?

Bei der Frage, wo die Segelregatten sein sollen, entbrennt ein Zweikampf zwischen Kiel und Lübeck-Travemünde.
Vieles spricht für Travemünde. Es gilt als unüblich, die Segelolympiade zweimal an denselben Ort zu vergeben. Travemünde hat bereits die nötige moderne Infrastruktur, auch für die Unterbringung der Sportler und Gäste; in Kiel müsste das meiste neu gebaut werden. Und Kiel ist vorbelastet durch die Nazi-Propaganda von 1936. Lübeck ist allerdings Grenzstadt zur DDR, sodass die bundesdeutsche Marine nur begrenzt organisatorischen Beistand leisten könnte. Dass sie Regatten gut organisieren können, haben beide Städte schon bewiesen. Allerdings spielt die „Kieler Woche" in einer anderen Liga als die „Travemünder Woche".
Im März 1967 entscheidet sich das Organisationskomitee mit deutlicher Mehrheit für Kiel.
Der Olympiahafen von 1936 an der Innenförde hat ausgedient. Für 1972 muss eine neue moderne Anlage her, die dieses gigantische internationale Spektakel stemmen und nach den Spielen weitergenutzt werden kann. Schauplatz der Regatten soll die Außenförde an der offenen Ostsee sein, im Stadtteil Schilksee im Norden. Direkt am Wasser entsteht hier auf dem Gelände eines Marinedepots in vier Jahren das Olympiazentrum; die natürliche Steilküste am Ufer setzt sich fort in der Form des Sockelbaukörpers. Hier werden die Sportler untergebracht. Der Schilkseer Hafen verdoppelt sich in seiner Größe, damit die Segler ausreichend Liegeplätze finden.

Die Jahrhundertchance

Die Landeshauptstadt am Rande der Republik ist in den Sechzigerjahren noch recht verschlafen. In der Stadt kursiert der Spottvers: „Kiel hat kein Geld, das weiß die Welt." Die Olympiade gilt als goldene Jahrhundertchance – sie wird entschlossen genutzt. Durch

eine Flut von Zuschüssen kommt die Stadt aus ihrer wirtschaftlichen Flaute, aus dem Windschatten. Nur ein Bruchteil aller Kosten bleibt an der Stadt selbst hängen.
Für die vielen Menschen, die erwartet werden, muss Kiel eine Infrastruktur schaffen, vor allem für die Verkehrswege. Kiel ist die letzte bundesdeutsche Landeshauptstadt ohne Autobahnanschluss. Nun wird von Hamburg die A 7 nach Flensburg verlängert und erhält bei Bordesholm eine Abzweigung nach Kiel. Über den Nord-Ostsee-Kanal wird neben die oft verstopfte Holtenauer Hochbrücke eine weitere Hochbrücke gebaut, eine Bundesstraße wird saniert.
In der Stadt entsteht ein neuer Zentraler Omnibusbahnhof. An der Kiellinie wird eine neue, über drei Kilometer lange Uferpromenade angelegt. Das Opernhaus wird wieder vollständig hergestellt und der Rathausplatz wird ausgebaut.

Das Feuer und die Eröffnung der Spiele

Die Spiele der 20. Olympiade neuer Zeitrechnung werden am 26. August 1972 in München eröffnet.
Am Tag danach entzündet ein Sportler auf dem Kieler Rathausplatz das olympische Feuer. Läufer mussten die Fackel 5.500 Kilometer vom griechischen Olympia über München bis nach Kiel bringen. Bei Tests im Vorfeld erlosch die Fackel immer wieder im Ostseewind; der Hersteller entwickelte schließlich eine standhafte Fackel. Bei strahlendem Sonnenschein geht am 28. August in Schilksee die Eröffnungsfeier für die Segelwettfahrten über die Bühne. Hohe Prominenz aus dem In- und Ausland ist gekommen – aus Politik und Wirtschaft, Sport und Kultur. Segler aus 42 Nationen kommen mit ihren Fahnen; Mitglied der spanischen Mannschaft ist der spätere König Juan Carlos. Marinesoldaten hissen die olympische Fahne. Das olympische Feuer wird nun hier entzündet.

Segelwettfahrten bei Flaute und Nebel

Schon vor der ersten Wettfahrt stehen die Verlierer fest – viele Freizeitsegler in und um Kiel. Damit der Regattakurs freibleibt, wird die Freiheit der Meere eingeschränkt. Wer trotzdem ins Sperrgebiet fährt, um dort einen guten Blick auf die Olympiasegler zu haben, riskiert eine hohe Geldstrafe und die Beschlagnahme seines Bootes.

Vom 29. August bis zum 8. September treten die Segler in sechs Bootsklassen gegeneinander an: Finn, Flying Dutchman, Starboot, Tempest, Drachen und Soling. Wie schon 1936 zieht Kiel beim Segelwetter wieder eine Niete. Ganz untypisch weht nur wenig oder gar kein Wind; einmal herrschen sogar Dunst und Nebel, und Wettfahrten werden abgebrochen. Von den geplanten sieben Regatten in jeder Bootsklasse müssen einige abgesagt werden.

Die bundesdeutschen Segler enttäuschen und holen nur zwei Bronzemedaillen.

Der Höhepunkt der Spiele ist die Windjammerparade am 3. September. Eine halbe Million Menschen kommt an die Ufer der Förde und bestaunt 70 prächtige Großsegler aus vielen Ländern. Bundepräsident Gustav Heinemann ist begeistert: „So etwas Schönes habe ich noch nie gesehen."

Der Terror

Mit den „heiteren Spielen" ist es am achten Wettkampftag jäh vorbei.

Am frühen Morgen des 5. September dringen acht arabische Terroristen in das israelische Mannschaftsquartier ein, erschießen zwei Menschen und nehmen neun weitere in Geiselhaft. Sie fordern die Freilassung von Palästinensern aus israelischen Gefängnissen und auch die Freilassung der deutschen RAF-Terroristen Ulrike Meinhof und Andreas Baader.

In München sind die Spiele ab 15.38 Uhr unterbrochen. In Kiel spricht sich das Geschehen an Land herum. Die Segler selbst sind auf dem Wasser und wissen noch von nichts. Unter den Seglern sind zwei Israeli mit einem Betreuer im Motorboot; plötzlich werden sie von Schlauchbooten der Wasserpolizei eskortiert.
Am Abend scheitert ein Befreiungsversuch am Flughafen Fürstenfeldbruck. Im Kugelhagel sterben alle neun Geiseln, ein Polizist und fünf Terroristen. An diesem düsteren Tag sind 17 Tote zu beklagen.
Am Morgen des 6. September treffen sich in Kiel Sportler und Bürger zu einer Schweigeminute. Das Gedenken an die Toten wird zu einer kleinen Trauerfeier, mit den Fahnen auf Halbmast.
In München sagt IOC-Präsident Avery Brundage: „The Games must go on." Man wolle sich dem Terror nicht beugen, der olympische Geist solle weiterleben. Eine schwere, umstrittene Entscheidung.
Die Stimmung bei den Segelregatten ist gedrückt, auch bei der Abschlussfeier in Schilksee am 8. September.

„Do it like Kiel"

Das Attentat liegt wie ein Schatten über den Wettkämpfen. Kiel hat diese hervorragend organisiert und erobert sich den Ruf der „Weltstadt des Segelns". Unter Seglern entsteht das Motto: „Do it like Kiel." Die Landeshauptstadt ist zur Sporthauptstadt geworden.
Das Olympiazentrum Schilksee gehört seit 1988 zum Olympiastützpunkt Hamburg/Schleswig-Holstein. Der Komplex besteht aus Jachthafen, Wohngebäuden und Geschäften.

Olympische Träume

Aller guten Dinge sind drei. Kiel bewirbt sich mit Hamburg um die Olympiade 2012. Doch das Nationale Olympische Komitee entscheidet sich 2003 für Leipzig und Rostock-Warnemünde als deut-

sches Kandidatenduo. Das Rennen macht am Ende allerdings ohnehin London. So hat Kiel nichts verpasst.
Aller guten Dinge sind drei. Erneut gibt es in Hamburg und Kiel olympische Träume, nun für die Spiele 2024. Doch die Träume zerplatzen wie Seifenblasen, als 2015 das Ergebnis des Hamburger Bürgerentscheids bekannt wird: Eine knappe Mehrheit hat das Großevent abgelehnt. In Kiel haben dagegen fast zwei Drittel für Olympia gestimmt.
Trösten können sich die Kieler immer noch mit all den Errungenschaften der Olympiade 1972 – vielleicht bei einem Gang ins imposante Opernhaus und danach mit einem Eis an der schönen Uferpromenade.

An der Grenze

Fehmarn – die goldene Krone im blauen Meer

Fehmarn ist etwas ganz Außergewöhnliches. In vielem machte und macht die Insel ihr eigenes Ding. Die Natur schuf in der Eiszeit die ungewöhnliche flache Form. Der Boden ist fruchtbar; früh wurde das freie Bauerntum ausdrücklich gesichert und der Adel zurückgedrängt. Besucher rühmten die Gastfreundschaft der Menschen. Die „goldene Krone im blauen Meer", so nennen manche Fehmaraner ihre Insel.

Das Außergewöhnlichste ist das Meer. Es steckt schon im Namen der Insel: Fehmarn kommt vom slawischen „fe mer", das heißt „am Meer gelegen" oder „im Meer". „Im Meer mittendrin", so lautet heute der Slogan von Fehmarn. Die Insel, mit 185 Quadratkilometern nach Rügen und Usedom die drittgrößte deutsche Insel, weist eine Küstenlinie von stolzen 78 Kilometern auf. Das Meer hat man stets im Blick. Gleich fünf Leuchttürme helfen der Schifffahrt bei der Orientierung.

Die Insel liegt an der Grenze, ist der östlichste und nordöstlichste Punkt Schleswig-Holsteins. Bis zur Wiedervereinigung 1990 war sie auch der nordöstlichste Punkt der Bundesrepublik – und ein Sehnsuchtsort vieler Menschen in der DDR. Eine Meerenge namens Fehmarnbelt trennt Fehmarn von der dänischen Insel Lolland.

Flach wie ein Butt

Vor 24.000 Jahren fällt die Temperatur in Skandinavien deutlich. Starker Schneefall lässt hohe Eisgebirge entstehen. Als es wieder wärmer wird, kommen die schmelzenden Gletscher ins Rutschen, rutschen in Richtung Süden, transportieren große Mengen von Felsen mit Geröll in die norddeutsche Tiefebene und lassen die heutige Moränenlandschaft entstehen.

An den Küsten Fehmarns als äußerstem Rand Schleswig-Holsteins wirken die Gletscher eher wie eine Planierraupe, das Land wird zur Flachmoräne. Spektakuläre Steilküsten wie an vielen anderen Küsten sucht man hier vergebens. Manche Betrachter bezeichnen

die Insel als platt wie ein Butt, andere fühlen sich an eine faszinierende Mondlandschaft erinnert. Der Hinrichsberg ragt als höchste Erhebung ganze 28 Meter über der Meereshöhe auf.
Fehmarn ist damals Teil des Festlands. Die Kräfte des Meeres nagen am Fehmarnsund und durchschneiden ihn schließlich vor 4.300 Jahren – Fehmarn wird zur Insel.

Die uralte Bauerninsel und die Slawen

Die ersten Siedler sind im fünften vorchristlichen Jahrtausend Fischer; ihre Vorfahren waren wohl Rentierjäger. Die ersten Ackerbauern lassen sich 2.000 Jahre später nieder.
Von 400 bis 900 nach Christus besiedeln slawische Wagrier die Insel, wie auch das ganze heutige Holstein, dessen nordöstlicher Teil Wagrien genannt wird.
Wer sich der Insel nähert, wird schnell Opfer eines Überfalls, berichten Chronisten aus alter Zeit – auf Fehmarn lauern anscheinend Seeräuber und verschonen niemand, der vorüberfährt.
Ab 1170 wandern Siedlerfamilien vom Festland in Fehmarn ein, sie kommen aus Holstein, Dithmarschen, Friesland, Niedersachsen und Dänemark. Die Einwanderer und die einheimischen Slawen leben in weitgehend friedlicher, unblutiger Koexistenz nebeneinander her. Im Laufe der Zeit verschmelzen die Slawen mit den Migranten, die slawische Sprache verschwindet und ist seither nur noch in manchen Ortsnamen präsent.
Die Grafen von Holstein herrschen auch über Fehmarn, sind aber formal dem dänischen König unterstellt. Die deutsch-dänische Geschichte ist kompliziert … Im Jahr 1420 erobert der Dänenkönig Erich von Pommern die Insel in schweren Kämpfen und rottet die rebellische Bevölkerung fast aus. Vier Jahre später erobern die Holsteiner Fehmarn zurück; sie rufen zur Neubesiedlung der Insel auf und locken mit großen Steuerfreiheiten. Viele Bauern aus Dithmarschen kommen.

Die goldene Krone im blauen Meer

Vom Haus Oldenburg, das schon damals das dänische Königshaus bildet, erhält Fehmarn 1580 eine Lehnsfahne, diese zeigt eine goldene Krone auf lavendelblauem Grund. Blau ist natürlich das Meer. Die goldene Krone wird als Symbol für den fruchtbaren Boden und das viele Korn gedeutet. Noch heute flaggen viele Fehmaraner „die goldene Krone im blauen Meer". Und so nennen viele auch ihre Insel. Das Zeichen hatte sich eine Firma markenrechtlich patentieren lassen, doch die Insulaner erreichten 2007 vor Gericht, dass es wieder Allgemeingut ist.

Das freie Bauerntum

Fürstbischof Johann Friedrich in Eutin ist Landherr Fehmarns und erlässt 1617 mit seiner „Conformatio Libertatis" eine weitreichende Regelung: Er verbietet dem Adel, sich auf der Insel niederzulassen oder Land zu besitzen. Damit sichert er den fast 500 Bauernhöfen seiner Zeit die Freiheit und auch einen gewissen Wohlstand, der sich in großen Höfen und oft in schönen Fachwerkhäusern zeigt. Eine Leibeigenschaft wie anderswo hat es auf Fehmarn nie gegeben.

Fehmarn und die dänische Nationalhymne

„Kong Christian stod ved højen mast" heißt die königliche Nationalhymne von Dänemark: „König Christian stand am hohen Mast". Der König Christian IV. kommt 1644 mit seinem Flaggschiff Dreifaltigkeit von Fehmarn und kämpft als Oberbefehlshaber an der Spitze seiner Flotte mit schwedischen Schiffen. Die Kanonen donnern, der Hauptmast bricht und der mutige König verliert durch einen Holzsplitter sein rechtes Auge, führt aber nach einer kurzen

Bewusstlosigkeit sein Land heldenhaft zum Sieg. Daran erinnert seither die Hymne. Neben ihr hat Dänemark auch noch eine quasi zivile Nationalhymne.

Die Preußen besiegen die Dänen

Seit 1713 gehört Fehmarn zu Dänemark. Dänen und Deutsche führen immer wieder Krieg gegeneinander. Im März 1864 lotst ein Fischer 160 preußische Soldaten am frühen Morgen über den Fehmarnsund, bei aufgepeitschtem Wasser, unbemerkt vorbei an dänischen Kriegsschiffen. Die Preußen überraschen die Dänen im Schlaf und erobern die Insel. Fehmarn wird mit ganz Schleswig-Holstein 1867 zur preußischen Provinz. Nicht alle Fehmaraner werden sich über den Machtwechsel gefreut haben, denn die Dänen gelten als liberaler als die Preußen.

Die furchtbare Sturmflut

Im November 1872 sucht eine furchtbare Sturmflut die Ostseeküste heim. Das Wasser steigt bis zu 2,7 Meter über Normalnull. Ein Drittel Fehmarns wird überflutet, viele Häuser werden zerstört und beschädigt. Mindestens fünf Menschen ertrinken. Eine Lotsenfamilie rettet sich auf das Dach ihres Hauses. Als dieses einstürzt, sterben die Eltern und ein Sohn. Der andere, 13 Jahre alte Sohn hält sich am intakt gebliebenen Dachstuhl fest und treibt 24 Stunden auf der Ostsee umher, bis er in der Kieler Bucht gerettet wird. Später wird er Schiffskapitän.

Kommt Fehmarn zur sowjetischen Besatzungszone?

Am 7. Mai 1945, dem Tag der Kapitulation der deutschen Wehrmacht im Zweiten Weltkrieg, besetzen die britischen Truppen Fehmarn. Danach gehören die Fehmaraner mit ganz Schleswig-Holstein zur britischen Besatzungszone. Der Diplomat Lord Strang hat die Regelung zu den vier Zonen für die britische Regierung mit ausgehandelt. Als er 1956 seine Memoiren veröffentlicht, erfahren die Insulaner eine große Neuigkeit: Beinahe wäre Fehmarn der Besatzungszone der Sowjetunion zugeschlagen worden, dies fordert deren Unterhändler vehement. Die strategisch wichtige Insel hätte der Sowjetunion ein weiteres Vordringen in der Ostsee ermöglicht. Lord Strang hält entschlossen dagegen, beharrt auf der Unteilbarkeit Schleswig-Holsteins. Irgendwann geben die Russen nach. Das Leben der Fehmaraner wäre bis zum Fall der Mauer 1989 komplett anders verlaufen.

Sehnsuchtsort der Freiheit für DDR-Bürger

Aus der sowjetischen Besatzungszone wird 1949 die Deutsche Demokratische Republik. Viele Menschen verlassen das Land. Die DDR riegelt deshalb die deutsch-deutsche Grenze 1952 ab und richtet eine fünf Kilometer breite Sperrzone ein, die im Kalten Krieg ein Teil des Eisernen Vorhangs wird. Direkt vor der Grenze liegt ein 500 Meter langer „Schutzstreifen“, an ihn schließt ein scharf bewachter „Kontrollstreifen“ an, auch „Todesstreifen“ genannt. Auf der Halbinsel Priwall in der Lübecker Bucht endet die Grenze an der Ostsee.
„Niemand hat die Absicht, eine Mauer zu errichten“, sagt Walter Ulbricht, der Staatsratsvorsitzende, im Juni 1961. Zwei Monate später steht die Mauer in Berlin. Nun ist auch das letzte Schlupfloch

verschlossen. Wer ab jetzt aus der DDR fliehen will, setzt sich einem enormen Risiko aus.
Ihre gesamte Ostseeküste überwacht die DDR streng und mit vielen Kontrollen durch die Grenzbrigade. Ein unbeschwertes Badevergnügen gibt es hier kaum. Nur ein erlesener Kreis mit einer Sondergenehmigung darf auf dem Meer mit einem Sportboot fahren.
Über 5.000 Menschen versuchen dennoch, ihrem Staat über die „nasse Grenze" zu entkommen – über das Wasser. Gut 900 gelingt die Flucht, fast 200 kommen ums Leben. Ihre Leichen werden später an den Strand gespült, irgendwo zwischen Fehmarn und Rügen oder an der dänischen Küste. Fischer finden manche Toten im Meer in ihren Netzen.
Für viele Menschen in der DDR wird Fehmarn zum Sehnsuchtsort der Freiheit. Von Kühlungsborn aus kann man bei guter Sicht die Insel erkennen. In Grenznähe versuchen es viele Fluchtwillige schwimmend mit einem Neoprenanzug. Andere nehmen ein Paddelboot, eine Luftmatratze, ein Surfbrett oder ein selbstgebautes Spezialboot, an dem sie jahrelang getüftelt haben. Die meisten kommen gar nicht erst ins Wasser, sie werden schon im Vorfeld verhaftet, oft nach einer Denunziation.
Eine Familie macht sich 1977 mit zwei Paddelbooten auf den Weg, doch ein Boot kentert; die Mutter und der Sohn müssen mit ansehen, wie der Vater und die zwei Töchter ertrinken.
Häufig fliehen die Menschen nicht, weil sie gegen die Politik sind. Sondern sie sind unzufrieden mit dem Leben in der DDR, wollen der Enge entkommen und träumen von Freiheit. Unter den Flüchtlingen sind viele junge Männer zwischen 18 und 35, die oft schlecht vorbereitet sind und die Ostsee völlig unterschätzen. Vor allem im Herbst und Winter ist diese kalt und stürmisch.

Die Bundeswehr ist wachsam

Auch für die Bundeswehr ist Fehmarn ein strategisch wichtiger Ort. Hier im äußersten Gebiet der NATO baut sie einen Aufklärungsturm und beobachtet, was sich im so genannten Ostblock militärisch tut, welche Truppenbewegungen es gibt, um im Falle eines bevorstehenden Angriffs schnell reagieren können.

Die Vogelfluglinie für Zugvögel

Fehmarn liegt an einer wichtigen europäischen Fluglinie für Zugvögel, die vom östlichen Dänemark kommen und nach Mitteleuropa fliegen und umgekehrt. Die Strecke führt nur kurz über das offene Meer und ist deshalb ideal. Die günstige Lage der Insel und ihr Nahrungsangebot macht sie zum vorzüglichen Rastplatz für viele Vögel auf dem Weg vom Brutrevier ins Überwinterungsgebiet – darunter Wasservögel wie die Kraniche, Greifvögel wie Fischadler und Sperber, Singvögel wie Finken oder Uferschwalben.

Die Vogelfluglinie für Züge, Autos und Schiffe

Die direkte Verkehrsverbindung zwischen den Großräumen Hamburg und Kopenhagen führt parallel zur Fluglinie für die Zugvögel über Fehmarn und wird Vogelfluglinie genannt.
Der Fortschritt macht auch vor der Insel nicht Halt. Zum Beginn des 20. Jahrhunderts wird eine Inselbahn gebaut.
Eine Verbindung zum Festland – das ist für viele Insulaner ein Traum, für manche, die ihre Abgeschiedenheit lieben, wohl eher ein Albtraum. In der Zeit, als die Insel noch keinen solchen Anschluss hat, gibt es keine Vorfahrtsschilder, sondern den einfachen Grundsatz „rechts vor links". Wer die Führerscheinprüfung nicht schafft, bekommt eine spezielle Fahrerlaubnis nur für die Insel.

Schon früh gibt es Planungen für die Vogelfluglinie, doch es kommen Kriege und anderes dazwischen. Anfang 1960 ist schließlich der Spatenstich und im Frühjahr 1963 ist es soweit: Es gibt eine direkte Bahn- und Straßenverbindung über die Inseln Fehmarn, Lolland, Falster und Seeland. Zwischen Puttgarden auf Fehmarn und Rødby auf Lolland überqueren Fähren den Fehmarnbelt.
Zu dieser Zeit haben die Dänen ihre Niederlage von 1864 gegen die Preußen und die deutsche Besatzung im Zweiten Weltkrieg noch nicht überwunden, die Beziehungen sind noch angespannt. Der dänische König Frederik IX. und der deutsche Bundespräsident Heinrich Lübke weihen in Puttgarden die neue, 963 Meter lange Fehmarnsund-Brücke ein und eröffnen feierlich die Vogelfluglinie. Diese soll offene Grenzen symbolisieren und ein neues Miteinander in Europa voranbringen. Die Fahrtzeit verkürzt sich deutlich, die Vogelfluglinie wird schnell der am häufigsten genutzte Verkehrsweg zwischen Deutschland und Skandinavien, Puttgarden kennen viele Urlauber zumindest als Bahnhof auf ihrer Durchreise.
Die 23 Meter hohe Brücke überspannt den Sund und wird wegen ihrer geschwungenen Form im Volksmund „Kleiderbügel" genannt. Über sie führen eine eingleisige Bahnlinie und eine zweispurige Straße.
Die Brücke macht die beschauliche Insel für Urlauber vom Festland attraktiv. Die Fehmaraner sind bisher hauptsächlich als Landwirte tätig, viele bieten den Großstädtern einen „Urlaub auf dem Bauernhof" an, so etwas ist damals noch fast unbekannt. Fehmarn bekommt nun mit dem Tourismus ein zweites wichtiges Standbein. Viele Menschen auf der Insel freuen sich über den Anschluss ans Festland.

Der Tunnel über den Fehmarnbelt

Der Fährtransport über den Fehmarnbelt dauert eine Dreiviertelstunde; dazu kommt die Zeit des Wartens, des Einschiffens und Ausschiffens. Von Hamburg nach Kopenhagen dauert die Reise bisher etwa viereinhalb Stunden. Ein neuer, fast 18 Kilometer langer Tunnel soll unter der Meerenge entstehen, Dänemark und Deutschland wollen im Hinterland die Anbindung an Schiene und Straße ausbauen. So soll sich die Reisezeit auf nur noch etwa zweieinhalb Stunden reduzieren, also fast halbieren.
Seit 2021 wird am Bauwerk gearbeitet, bis 2029 soll es fertig werden. Ein dänisches Staatsunternehmen baut den Tunnel und soll ihn über Mautgebühren refinanzieren, die so hoch sind wie die bisherigen Kosten der Schiffspassage.
Der Tunnelbau reißt 18 Kilometer Meeresboden auf und betoniert ihn zu. Naturschützer fürchten schwere Schäden für das gesamte Ökosystem der Ostsee, zumal sich am Fehmarnbelt der Großteil des Wasseraustausches zwischen Nord- und Ostsee vollzieht. Die vielen langen Güterzüge und die vielen Autos, die Fehmarn auf dem Weg nach oder von Puttgarden passieren müssen, werden Lärm und Abgase produzieren; Kritiker fürchten, dass darunter der für die Insel wichtige Tourismus leiden wird.

Jimi Hendrix und das deutsche Woodstock

Wer auf Fehmarn bei Flügge am Strand unterwegs ist, stößt auf einen Gedenkstein. Mit einer markanten Gitarre erinnert er an Jimi Hendrix und das Love-and-Peace-Festival vom September 1970. Ein Jahr nach dem legendären Woodstock-Festival wollen die Veranstalter Geschichte schreiben. Viele Stars und 20.000 Hippies aus ganz Europa kommen auf die Insel. Doch die Organisation ist schlecht und es gibt Schlägereien mit Rockern. Dazu gesellt sich auch noch miserables Wetter mit Sturm und Regen. Als Jimi Hendrix die Bühne betritt, reißt jedoch der Himmel auf und die Sonne scheint – ein magischer Augenblick. Umso entsetzter sind auch viele Menschen auf Fehmarn, als sie erfahren, dass der großartige Gitarrist zwölf Tage später in London nach einem Clubauftritt tot im Hotel aufgefunden wird – erst 27 Jahre alt. Fehmarn war sein letztes Open-Air-Konzert.

Moderne Windmühlen und die Sonne

Wer auf der Insel Fehmarn weilt, ist stets im Stadtgebiet unterwegs, wie ländlich die Gegend auch aussehen mag. Nach der Fusion aller Gemeinden besteht die Insel seit 2003 kommunal nur noch aus der Stadt Fehmarn, diese hat ihren Sitz in Burg.
Überall sieht man Windmühlen – moderne Windmühlen in Form von Windrädern. Sie erzeugen viel mehr Strom als die Insel selbst verbraucht.
Mit über 2.000 Sonnenstunden in manchen Jahren liegt Fehmarn in Deutschland mit an der Spitze. Die Sonneninsel an der Grenze ist einen Besuch wert.

Schiffe, Fische und Vögel

Die Schlei als langer Arm der Ostsee

Die Ufer der Schlei sind meist unbebaut und zeigen ein wunderschönes Stück Natur, es entfaltet einen ganz eigenen Charme und strahlt eine meditative Ruhe aus. In der sanft hügeligen Landschaft sieht man oft mehr Kühe als Menschen. Auf den großen, von Knicks begrenzten Feldern der Bauern leuchtet oft der Raps. In den Dörfern stehen wunderschöne weißgetünchte, reetgedeckte Häuser. Und immer wieder blitzt das Wasser der Schlei auf und changiert in vielerlei Blau-Grün-Tönen.

Eine Schmelzwasserrinne und kein Fjord

Was die Schlei ist und was nicht, daran scheiden sich die Geister. Eindeutig ist sie die „Tochter der Ostsee“, ist ihr längster Meeresarm und sieht dabei oft wie ein Fluss aus, an manchen Stellen auch wie ein großer See. Fast 42 Kilometer schlängelt sie sich zwischen der Kieler Förde und der Flensburger Förde ins Landesinnere.
Oft wird die Schlei als Förde bezeichnet oder gar als Fjord. Das hört sich gut an, stimmt aber nach den modernen Definitionen und Forschungen wohl nicht. Früher waren die Dänen und die Germanen großzügig in der Wortverwendung: Förde und Fjord stehen in Ortsnamen oft auch für eine Meereszunge oder für eine Flussmündung.
Als Fjord gilt eine eiszeitliche Hohlform im Gebirge, also ein Gebirgstal. Die Schlei kann dagegen an ihrer etwa 151 Kilometer langen Uferlinie nicht mit allzu spektakulären Steilküsten aufwarten. Am Ufer liegen Hügellandschaften oder schließen sich Felder an. Durch die Erosion wandert der Sand und bildet anderswo Landzungen, die sich im Laufe der Zeit ganz oder zu großen Teilen von der Schlei abgetrennt haben. Diese Lagunen mit Brackwasser bezeichnet man hier als Noore – ein weiterer dänischer Begriff.
Die Schlei entsteht vor 115.000 bis 11.000 Jahren, als in der Weichsel-Eiszeit riesige Eismassen von Skandinavien herangeschoben werden. Gletscherzungen bahnen den Weg in Richtung Land und

schürfen aus dem Eis die Kieler Förde und die Flensburger Förde heraus – schmale Meeresbuchten. Als die Temperaturen wieder steigen, bahnt sich das Schmelzwasser der bis zu 300 Meter dicken Gletscher seinen Weg, gräbt sich durch die Erde. So entsteht die Schlei; man kann sie als Tunneltal bezeichnen, als Schmelzwasserrinne oder glaziale – eiszeitliche – Rinne. Diese Rinne füllt sich außer mit süßem Schmelzwasser auch mit salzigem Ostseewasser. Seither ist die Schlei ein Brackgewässer, ein Mischgewässer mit Süß- und Salzwasser, denn der Wasseraustausch mit der Ostsee ist stark eingeschränkt, die Schleimündung ist inzwischen nur noch 90 Meter breit. Der Salzgehalt liegt hier bei 1,8 Prozent und sinkt bis auf etwa 0,5 Prozent, je weiter die Schlei ins Landesinnere vordringt.

Bei Winningmay versorgt die Füsinger Au die Schlei als ihr Hauptzufluss mit Süßwasser. Auch die beiden Mühlenbäche in Schleswig und Kappeln sowie die Grimsau münden in den Meeresarm.

Der nördlichste Naturpark Deutschlands

Der Meeresarm ist in seinem Wasserstand natürlich von der Ostsee und von der Windrichtung abhängig. Das Wasser fließt mal nach West, mal nach Ost, mal steht es. Allzu stark ist die Strömung nie, Kanufahrer haben hier gute Bedingungen.

Der Name Schlei kommt aus dem Altdänischen oder aus dem Altsächsischen und bedeutet in etwa „schlammiges Gewässer" oder „Gewässer mit schleimigen Wasserpflanzen". Ursprünglich wird wohl nur das innere Schleibecken nahe von Schleswig so genannt. Der Name wird zumindest der heutigen Schlei nicht gerecht, das Wasser ist meist schön klar.

Seit 2008 gibt es den Naturpark Schlei, den nördlichsten Naturpark Deutschlands, dafür haben sich 44 Gemeinden und zwei Landkreise zusammengeschlossen. Das Gebiet von rund 500 Quadratkilometern umfasst die gesamte Schleiregion; in ihr liegen sieben

Naturschutzgebiete. Seltene Vogelarten fühlen sich wohl und viele Zugvögel rasten oder überwintern hier.

Ein Transportweg mit Engen und Breiten

Die Schlei ist im Durchschnitt 1,3 Kilometer breit, bietet aber dabei eine große Bandbreite von nur 135 Metern in der Missunder Enge und vier Kilometern in der Großen Breite kurz vor Schleswig, in der sie wie ein großer See aussieht. Auch das macht einen Teil ihres Reizes aus – der Wechsel von flussähnlichen Engen und seeähnlichen Breiten.
Im Durchschnitt ist die Schlei drei Meter tief und damit eher flach. Die Wasserfläche liegt bei knapp 55 Quadratkilometern, das Volumen bei 164 Millionen Kubikmetern.
Nur 18 Kilometer lang ist der Landweg vom Ostseearm Schlei bis zur Treene, die über die Eider in die Nordsee fließt. Dies gibt der Schlei im Mittelalter eine herausragende Rolle als Transitstrecke. Die Wikingersiedlung Haithabu wird zum großen Warenumschlagsplatz zwischen Ost- und Nordsee; später wird sie von Schleswig abgelöst. Doch gegen Ende des 14. Jahrhunderts werden immer größere Schiffe gebaut, darunter die bauchige Hansekogge. Für sie ist die Schlei zu flach und verliert schnell ihre Bedeutung.

Die Grenze zwischen zwei Halbinseln

Der Meeresarm trennt die beiden Halbinseln Angeln und Schwansen. Zwei Regionen, zwei Landkreise, zwei verschiedene historische Entwicklungen ... In Schwansen setzt sich im späten Mittelalter die Gutsherrschaft durch, viele Bauern werden Leibeigene ihrer adligen Herrscher. Die Bauern in Angeln sind besser dran, viele von ihnen bleiben frei.
Über die Schlei führen zwei Klappbrücken in Lindaunis und Kap-

peln. Zwei Fähren in Missunde und Arnis verkehren regelmäßig zwischen Schwansen und Angeln.
Vier Inseln liegen in der Schlei. Die größte ist die Möweninsel vor Schleswig, die den Vögeln vorbehalten ist. Zum Naturschutzgebiet auf der Halbinsel Reesholm gehört auch die vorgelagerte Insel Hestholm in der Großen Breite. Zwischen den Gemeinden Goltoft in Angeln und Kosel in Schwansen liegt Kieholm, die auch Liebesinsel genannt wird. Kurz vor der Schleimündung liegt zwischen Rabel und Maasholm Flintholm; der Untergrund dieser vegetationslosen Insel besteht aus Lehm, auf dem sich Sand abgelagert hat. Der Namensbestandteil „Holm" heißt „Insel"; einst war auch Maasholm eine Insel.

Eine kleine Reise der Schlei entlang

Von der Ostsee führt nun eine kleine Reise die Schlei entlang – zunächst auf der Südseite in Schwansen bis Schleswig, dann auf der Nordseite in Angeln zurück zur Schleimündung.

Schwansen – südlich der Schlei

Die Schlei umgrenzt die Schwansener Halbinsel im Norden und Westen, die Eckernförder Bucht im Osten. Für die Landgrenze im Süden gibt es verschiedene Definitionen; nördliche Teile von Eckernförde gehören jedenfalls dazu. Ansonsten gibt es hier keine Stadt, sondern nur Dörfer. Der Name kommt wohl vom Schwansener See in der Gemeinde Dörphof – der Schwanensee.
In Schwansen gibt es viele landwirtschaftliche Gutshöfe mit ansehnlichen Herrenhäusern und großen Feldern, darunter Damp, Grünholz, Hemmelmark, Louisenlund, Ludwigsburg, Olpenitz und Saxtorf; die Gutsherrschaft hat den Landstrich geprägt, bis heute betreiben einige alteingesessene adlige Familien die Höfe,

darunter auch der Herzog von Schleswig-Holstein-Sonderburg-Glücksburg.

Die Wurzeln der Güter liegen lange zurück. Ab der Mitte des zwölften Jahrhunderts legten Adlige zum Schutz ihres Landes Wehranlagen an und erhielten dafür die Grundherrschaft für das umgebende Gebiet. Immer mehr Untertanen wurden ab dem 16. Jahrhundert in die Leibeigenschaft gezwungen; erst eine dänische Agrarreform schaffte dies ab 1805 ab.

Sieseby – die weiße Perle

Viele Namen von Orten an der Schlei enden mit „by" – das wird „bü" ausgesprochen und ist im Dänischen zunächst eine Ansammlung von Höfen, später bezeichnet es ein Dorf oder eine Stadt.

Sieseby besteht mindestens seit dem Jahr 1267 und wird die „Perle an der Schlei" oder auch das „weiße Kleinod" genannt. Reetgedeckte schmucke Fachwerkhäuser mit schönen Vorgärten sorgen dafür, dass das Dorf regelmäßig in Rankings um die schönsten Dörfer Deutschlands auftaucht. Seit 2000 steht es unter Denkmalschutz – als erstes Flächendenkmal in Schleswig-Holstein.

Viele Häuser tragen das Kürzel „G.A.S."; Gustav Anton Schäffer lebt ab 1839 auf dem nahegelegenen Gut Bienebek und lässt in Sieseby Häuser für die Arbeiter bauen. Die herzogliche Familie Schleswig-Holstein-Sonderburg-Glücksburg kauft 1887 das Gut mitsamt Sieseby. Viele Häuser gehören noch heute zu diesem Gut und sind nur vermietet.

Die Missunder Enge und die Dänen

Bei Missunde ist die Schlei so schmal wie sonst nirgends – nur 135 Meter Wasser trennen Schwansen und Angeln am anderen Ufer. Das ist ideal für eine der zwei Fähren, die regelmäßig die Schlei überqueren. Das ist ideal für einen Angriff, denken sich die preußischen Soldaten 1864 zum Auftakt des deutschdänischen Krieges und versuchen, Missunde zu erobern. Das kleine Fischerdorf ist Teil des Verteidigungsbollwerks Danewerk und aufgrund seiner Lage strategisch wichtig. Die Dänen halten im „Gefecht von Missunde" trotz Unterzahl dem Angriff stand, die Preußen ziehen sich zurück. Doch schon wenige Tage später muss Dänemark die Verteidigungslinie aufgeben, verliert bald den Krieg und damit seine jahrhundertelange Herrschaft über die Region. Der Beginn der deutsch-dänischen Auseinandersetzungen liegt über tausend Jahre zurück: Seit dem Jahr 811 stehen sich hier an einer Art Grenze die Wikinger und die Franken gegenüber.

Das Haddebyer Noor und Haithabu

Kurz vor Schleswig liegt eine geschützt liegende Seitenbucht der Schlei, das heutige Haddebyer Noor. Hier lag früher der bedeutendste Handelsplatz in ganz Nordeuropa – die Wikingerstadt Haithabu. Heute stehen hier einige nachgebaute Häuser und vermitteln, wie es früher hier ausgesehen hat, ebenso wie das Museum mit vielen Fundstücken der Ausgrabungen aus der Glanzzeit Haithabus vor über tausend Jahren. Auch Spuren des früheren Verteidigungswalls Danewerk sind hier zu sehen, mit Haithabu gehört er seit 2018 zum Weltkulturerbe der Unesco.

Schleswig

Haithabu wird 1050 niedergebrannt und 1066 endgültig aufgegeben. Schleswig am gegenüberliegenden Ufer wird das neue Handelszentrum und erlebt einen Aufschwung. Im Laufe der Zeit werden die Handelsschiffe immer größer. Lübeck hat durch seinen direkten Zugang zur Ostsee entscheidende Vorteile und läuft Schles-

wig im 13. Jahrhundert seinen Rang ab als überregionales Handelszentrum. Später zieht auch noch Flensburg an Schleswig vorbei.
Der Name Schleswig bedeutet Bucht oder Handelsplatz an der Schlei; er wird um das Jahr 1200 auch zum Namen des Herzogtums, das mit Holstein 1867 zur preußischen Provinz und 1946 zum Bundesland Schleswig-Holstein wird.
Im Jahr 1544 wird Schleswig zur Residenz des neugebildeten Teilherzogtums Schleswig-Holstein-Gottorf; die Burg Gottorf vor der Stadt wird zum attraktiven Schloss, zum bedeutenden Fürstenhof und zum Ort der Kultur. Nach einem verlorenen Krieg erhält der dänische König 1721 den Titel des Herzogs von Schleswig; Schloss Gottorf ist nun nur noch Sitz der dänischen Statthalter.
Seit 1948 ist Gottorf wieder neu zum Ort der Kultur avanciert, es beherbergt zwei bedeutende Landesmuseen: das Museum für Kunst- und Kulturgeschichte und das Museum für Archäologie. Eine große Tradition hat die Fischersiedlung Holm.

Angeln – nördlich der Schlei

Angeln kann man in der Schlei auch, auch in Angeln nördlich der Schlei. Hier fallen die vielen Knicks ins Auge, die als Strauchhecken die verhältnismäßig kleinen Felder abgrenzen und sie zugleich etwas vor Erosion schützen. Hier gibt es viele alte Bauerndörfer mit schönen Dreiseithöfen: Stall und Scheune liegen sich gegenüber, das oft reetgedeckte Wohnhaus steht in der Mitte mit dem Rücken zum Wirtschaftshof. Eine Bodenreform sorgt seit Ende des 18. Jahrhunderts dafür, dass Grundstücke an Bauern verteilt werden und sich so ein freies Bauerntum bilden kann.
In alter Zeit, ab dem fünften Jahrhundert, schreiben die Angelner Weltgeschichte. Vermutlich verändert sich das Klima und die Äcker veröden; viele Menschen wandern auf die große Insel Britannien aus – England ist nach ihnen benannt.

Die Schlei begrenzt die Halbinseln Angeln im Süden, die Ostsee im Osten und die Flensburger Förde im Norden. Im Westen ist die Schleswigsche Geest die Grenze, die dem historischen Ochsenweg folgt. Teile der Städte Flensburg und Kappeln gehören auch zu Angeln.

Arnis

Nicht einmal einen halben Quadratkilometer umfasst Arnis, das entspricht der Größe von 63 Fußballplätzen, und nicht einmal 300 Menschen leben dort. Das macht Arnis zur kleinsten Stadt Deutschlands.
Im 17. Jahrhundert gibt es dort fast nur Wald und keine Menschen. Der neue Kappelner Gutsherr Detlef von Rumohr verlangt von seinen Untertanen den Treueeid zur Leibeigenschaft. Etwa 65 Familien wehren sich und wandern mit der Erlaubnis von Herzog Christian Albrecht auf die nahegelegene Insel Arnis aus, roden und bebauen sie. Im Jahr 1796 wird ein Damm als Verbindung zum Festland gebaut. Seit 1826 gibt es eine Fähre über die Schlei zum 220 Meter entfernten Schwansen, die zunächst mit Muskelkraft von Hand betrieben wird, erst viel später mit Motorkraft.
Der kleine Ort erlebt Mitte des 19. Jahrhunderts den Höhepunkt seiner Blütezeit als Fischer- und Schiffersiedlung; fast 1.000 Menschen leben hier, und es gibt bis zu 88 Schiffe.
Als Arnis wie die gesamte Region 1867 zu Preußen kommt, erhält es den rechtlichen Status eines Marktfleckens mit eingeschränkter Selbstverwaltung. Die Gleichschaltungspolitik der Nationalsozialisten führt 1934 zu einer Änderung des Gemeindeverfassungsgesetzes, aus dem Flecken wird eine Stadt.
Die schlimme Sturmflut im Oktober 2023 trifft auch Arnis. Die anstürmenden Wassermassen brechen den schützenden Damm nieder und überfluten große Teile des kleinen Ortes, der schwere Schäden davonträgt.

Kappeln

Wo liegt eigentlich Deekelsen? Diese fiktive Kleinstadt an der Schlei flimmert von 1987 bis 2013 in der Serie „Der Landarzt" auf den Fernsehschirmen und macht die kleine Stadt Kappeln, an die Deekelsen angelehnt ist, deutschlandweit bekannt.
Der Ort lebt über Jahrhunderte vom Fischfang. Der historische Heringszaun stammt ursprünglich aus dem 15. Jahrhundert und ist der letzte seiner Art.
Teile des Gebietes liegen am gegenüberliegenden Schleiufer; über Jahrhunderte verkehren Fähren zwischen Angeln und Schwansen. 1867 übernimmt eine einfache Pontonbrücke diese Aufgabe; 1927 wird eine Drehbrücke gebaut, 2002 schließlich die Klappbrücke. Immer eine Viertelstunde vor der vollen Stunde öffnet sie sich und lässt die Schiffe passieren, während die Autofahrer eine Zwangspause einlegen müssen.
Kappeln wird in den Dreißigerjahren zur Garnisonsstadt und ab 1959 zum großen Marinestützpunkt, der mit über 2.500 Soldaten zu Deutschlands größtem Marinehafen an der Ostsee wird. Nach seiner Schließung 2006 entsteht hier in Olpenitz ein riesengroßes Feriengebiet.

Das nasse Rendezvous an der Schleimündung

Schlei und Ostsee treffen sich zum nassen Rendezvous an der Lotseninsel Schleimünde. Der auffällige Leuchtturm – seit 2014 grünweißgestreift – weist den Seefahrern seit 1871 den Weg in die Schlei. Die 112 Hektar große Lotseninsel ist nur auf dem Seeweg erreichbar, sie liegt nur fünf Meter über dem Meeresspiegel.
Das Naturschutzgebiet Schleimündung ist für die Menschen gesperrt und nur bei einer geführten Wanderung zugänglich. Hier brüten, rasten und überwintern viele Vögel. Im Spätsommer und im Herbst ruhen sich hier Tausende von Goldregenpfeifern aus, be-

vor sie in den Süden weiter ziehen. Zum Überwintern kommen Eiderenten, Singschwäne und unterschiedliche Gänsearten. Im Frühling brüten Feldlerchen, Graugänse, Sturmmöwen, Küsten- und Zwergseeschwalben.
Die schwere Sturmflut im Herbst 2023 richtet auf der Lotseninsel schlimme Schäden an. Doch der naturbelassene Küstenschutz bewährt sich. Der Strandwall wird nur leicht überflutet – und er erhöht sich sogar deutlich durch viele Tonnen Sand und Steine, die wie auch bei anderen Stürmen vor allem vom Schönhagener Kliff im Süden abgetragen werden. Die verfestigte Küste bietet nun gefährdeten Vogelarten wie Zwergseeschwalben ein perfektes Revier zum Brüten.

Inhalt